Mein Stein in der Mauer

Du brauchst einen Mann,
mit dem du durch
die Hölle gehen kannst.
Tuesday Weld

Für Frau Welle und ihren Gedanken zu einem Buch.
Für Bianca mit der Sicherheit darüber, das dieses Buch existieren müsse.
Für meinen Sohn, der mir am Ende keine andere Wahl mehr lies als diese Geschichte aufzuschreiben.

Für den Mann ohne den es diese Geschichte nicht gäbe. Trotz allem in Dankbarkeit.

Für die Menschen die aus beruflichen Gründen mit anderen Menschen in Kontakt kommen und immer noch nicht wissen das alle Menschen Angehörige haben, auch die die das Gesetzt brechen.

Spiel ist eine freiwillige Handlung oder Beschäftigung, die innerhalb gewisser festgesetzter Grenzen von Zeit und Raum nach freiwillig angenommenen, aber unbedingt bindenden Regeln verrichtet wird, ihr Ziel in sich selbst hat und begleitet wird von einem Gefühl der Spannung und Freude und einem Bewusstsein des „Andersseins" als das „gewöhnliche Leben".
Huitinga

Die Spiele mögen beginnen

Mit zwanzig Jahren lernte ich den Mann kennen, welcher der Anlass dieses Buches ist. Heute steht er jenseits von Liebe und Hass, Glaube und Hoffnung, Gut und Böse, Ja oder Nein. Seither beeinflusst er mein Leben mehr als jeder andere. Mehr als meine Eltern, ja mehr sogar als meine Kinder und mein Ehemann. Er hat mein Leben genommen, es nach seinen Vorstellungen geformt. Ich musste lernen es zu leben. Nach achtzehn Jahren komme ich langsam zu der Einsicht, dass ich mich nie werde davon befreien können und er, sollte er vor mir sterben, auch über seinen Tod hinaus mein

Leben leitet. Er ist meine Antwort auf Himmel und Hölle, Schuld und Sühne. Mein Maßstab, um meine Qualität im Leben zu messen, ist er. Die Richtschnur, nach der ich mein Leben beurteile, die intensiven Stunden, die sonnigen Tage, den dunklen, geheimnisvollen Wald, die Wurzeln auf meinem Weg, Höhlen und Sackgassen, über die er mich hinausgeführt hat. Und seitdem er mir nicht erlaubt hat wieder auf normalen Pfaden zu gehen. Jenseits aller Wege, ohne Trampelpfade, ohne Rückkehr und in dem Bemühen, mich von jeglicher menschlicher Begegnung fernzuhalten. Der Anfang wurde von ihm bestimmt, genau wie jede Wegkreuzung und Gabelung, die zu gehen war. Von ihm kommt der Untergang. Und meine Koffer stehen bereits gepackt vor der Tür. Gefunden hat er mich, endlich ausgezogen bei meinen Eltern, wo ich zu ersticken drohte, nach meinem Schicksal suchend. Beschlossen hatte ich damals mir das Recht zu leiden zu erwerben. In meinem Elternhaus hieß es immer: „Egal was dir passiert, es geht dir gut." Dort hatte ich kein Recht zu weinen, Schmerzen zu haben oder einfach mal traurig zu sein. Alles, was mir passierte, war eigentlich eine Lappalie im

Vergleich zu der Tragödie der Kindheit, die meine Mutter erlebt hatte. Zu der die schwere Erkrankung meines Vaters kam, die er klaglos hinnahm. Ich hatte von klein auf gelernt, auf meinen Vater Rücksicht zu nehmen. Aber an alldem konnte ich sehen, dass mein Leben mich noch nicht dazu berechtigte, mit meinem Umfeld zu konkurrieren. Ich hatte noch nicht mitzureden in dem großen Drama, das in meiner Familie am Leben erhalten wurde, und sollte zuhören und dadurch verstehen, wie gut ich es getroffen hatte. Trotz der schlimmen Schläge, die ich nur all zu oft einstecken musste, war meine Kindheit immer noch eine behütete. So wurde es mir vermittelt, hatte ich es zu leben. Aber mein größter Wunsch war auch, etwas zu erleben, durch das ich das Recht erwerben würde, gelitten zu haben. So war ich auf der dringenden Suche nach dem ersten Schritt meines Lebens, der mich stark machen würde. Aber wohin es mich am Ende führen würde, so weit konnte ich nicht sehen. Nur eins weiß ich heute. Mein Recht zu sagen, es waren sehr schwere achtzehn Jahre, habe ich mir hart und stündlich verdient. Nun denke ich, bis hier her hat es gereicht und sollte jetzt genug sein. Meine Ziel ist erfüllt. Mit achtunddreißig Jahren habe ich meine Aufgabe in dieser Beziehung erfüllt. Mein Ziel ist erreicht, heute, und ich bin der Gefahr entkommen, ein schüchternes kleines Mäuschen zu werden, wie ich es zuvor immer befürchtet hatte. Denn damals wurde ich selten bemerkt, wenige Menschen bemerkten mich, als ich zwanzig war. Aber er. Er lehrte mich das Leben einer Wildkatze zu führen. Gefunden hat er mich, als ich noch viel unterwegs war, immer mit suchendem Blick umherwandernd, mit aller Kraft der Welt. Und ich wollte diese endlich eingesetzt wissen. Gefunden hat er mich in einer langweiligen Runde voller Menschen, die gerne etwas zu erzählen gehabt hätten, interessant sein wollten, originell, sicher auch schon etwas erlebt hatten. Vielleicht eine Scheidung oder der Auszug den Eltern, die dachten, das wäre schon was, genau wie ich. Gefunden hat er mich, der eine helllila Jeanshose anhatte. Die nicht mal zur damaligen Zeit in Mode war und bei der gefragt werden konnte, wo es so was wohl zu kaufen gäbe. Dazu das passende Herrenhemd mit großen lila Blüten bedruckt. Das Jackett war weinrot. Es sah auf den *ersten Blick recht abstoßend aus. Gefunden hat er mich an diesem Abend, in dieser Runde in der langweiligsten Stunde meines Lebens. Wo keiner der Anwesenden wusste, wer er war und woher er kam. Was er genoss und womit dem er mit sichtlichem Vergnügen spielte. Er kam rein und war von diesem Zeitpunkt an derjenige, welcher den Ton an diesem Abend angab. Den Namen gab er ja noch preis. Aber dann begann das Spiel. Seine Arbeit, sein Wohnort wurden zu einem Rätsel. Sein gesamtes Leben wurde befragt, nur um herauszufinden, wer er war. Er sprach im Unklaren und genoss das Unverständnis ringsherum. Er lachte viel. Ich war damals noch sehr schüchtern und traute mich nicht das, was für mich absolut klar vor mir zu sehen war, auszusprechen. Da ich niemanden beschämen wollte. Verstehen konnte ich nicht, dass er aus solch einer Tatsache ein so großes Theater, ein Unterhaltungsprogramm und ein heiteres Beruferaten machte. Er gab sachte Hinweise, und der ganze Abend verrann in dem Bemühen aufzudecken, was sein angebliches Geheimnis war und welches er offenkundig preiszugeben gewillt war, dem der die richtige Frage stellt. Ich war nicht in der*

Lage, diese auszusprechen, und saß still auf meinem Stuhl, lauschte dem Stimmengewirr und hörte auch, wie vermutet wurde, er sei wohnhaft im Altersheim. Alles wurde vermutet, nur die Wahrheit musste er nach endlosem Warten selbst aufdecken. Denn irgendwann musste zusammengeräumt und aufgebrochen werden. Die Realität stieß dann aber auf ein großes Interesse, und er wurde bestürmt mit allerlei Fragen zu seinen derzeitigen Lebensumständen. Ich war recht froh, als dieses Treffen sich dem Ende näherte, denn ich hatte noch interessantere Pläne für den späteren Abend. Ich hoffte, mich in der Disco nicht mehr langweilen zu müssen. War eine der Ersten, die aus der Türe ging. Das weinrote Jackett kam auch hintendrein und fragte, ob ich mit der Straßenbahn fahren würde, da käme er doch ein Stück mit. Das Ende unserer gemeinsamen Fahrt war vor dem sternförmigen Backsteinhaus, dessen Form nur denen bekannt sein konnte, die darin untergebracht waren. Oder denen, die eine Luftaufnahme davon gesehen hatten. Denn das Gebäude war von einer aus Backsteinen bestehenden Mauer umgeben. Welche von einem Maschendraht abgeschlossen wurde.

Er ging zum Eingang und wurde eingelassen. Ich schaute auf die Drehtüre, durch die er verschwunden war. Welche hinter die Mauer der Justizvollzugsanstalt Freiburg führte. Welche ein Teil seines Rätsels darstellte, den Teil, welchen er an diesem Abend zur Belustigung einer kleinen Gruppe von Menschen freigelegt hatte. Der kleinste Teil eines Puzzles, welches ich bis heute nicht zu lösen vermag. Da ich immer auf die Teile angewiesen bin, welche er mir freiwillig überlässt. Auf einige auch, die ich ihm gewaltsam entreißen konnte, und auf zufällig verloren gegangene, die ich dann zum Puzzle nach eigenem Ermessen hinzufüge. Ich muss ihm wohl meine Telefonnummer gegeben haben, was sich jedoch ganz meiner Erinnerung entzieht. Denn als er das nächste Mal Freigang hatte, über ein Wochenende hinweg, waren wir plötzlich verabredet. Verabredet vor der Nordsee, um weiter durch die Stadt zu wandern und eine andere Hose zu suchen, zu kaufen. Diesmal eine weiße, mit schwarzem Hemd, und um Eis essen zu gehen. Verabredet, um sich gut zu verstehen, um harmonisch nebeneinanderher zu gehen, sich etwas zu sagen zu haben. Ohne seltsame Anfangsschwierigkeiten, Schweigen oder

Peinlichkeiten. Es lief einfach so reibungslos an einem sonnigen Freitagnachmittag. An dem wir auch auf dem Marktplatz spazierten und einem Mann, welcher einen Namen auf ein Reiskorn schrieb, zwei solche Ketten abkauften. Er kaufte sie. Ein Reiskorn an der Kette mit dem Namen Katharina für mich, Sven für ihn. Ich bekam Sonnenblumen geschenkt und einen Umschlag. Darüber, wohin das führen sollte, was ich wollte, wie das weitergehen würde, machte ich mir keine Gedanken. Es war klar. Er hatte es entschieden, und noch wollte ich mich nicht wehren. Ich genoss es, alles so einfach präsentiert zu bekommen. Es machte gar keine Mühe, flog so auf mich, zu und ich musste mich einfach mittreiben lassen. Außerdem, wer bekommt heute noch selbst angefertigte Einladungskarten? Selbst gemalt, gereimt, entworfen. Persönlich auf dich zugeschnitten. Denn eine solche war in dem Umschlag gewesen. Eine Einladung von ihm für den zweiten Tag seines Freigangtages. Es war klar, dass diese angenommen würde von mir. Da brauchte ich mir gar keine Gedanken zu machen. Natürlich geht man ins Kino, wenn man etwas gemeinsam unternehmen will. Dort zog es auch uns hin und anschließend in die Disco. An einer Wand stand ein Spielautomat. An dem Sven ein Spiel machte, bevor wir die Disco wieder um 1.00 Uhr nachts verließen. Wir besorgten uns ein Picknick, und mit diesem gingen wir an den See bei mir fast vor der Tür. Wir bestiegen den Aussichtsturm und breiteten dort unsere Decke aus. Aßen unter freiem Himmel. Sven hatte Ausgang, auch über Nacht. Diese Nächte verbrachte er offiziell bei seiner Großmutter. Die heutige Nacht mit mir auf dem Turm, und als es später und dunkler wurde, auch bei mir zu Hause. Er musste unsere Sachen tragen. Es war bereits 5.00 Uhr morgens. Ich legte mich ins Bett. Er legte alles im Flur ab, kam dann nach, blieb in der Tür stehen. Ich fragte ihn ,was er jetzt noch vorhabe. So blieb er diese Nacht und den darauf folgenden Sonntag in meiner Nähe. Dieser Ausgang endete Sonntag um 22.00 Uhr. Das war die offizielle Zeit, zu der er wieder in der JVA einzutreffen hatte. Es hat durchaus etwas, zu einem Mann zu gehören, der durch äußere Umstände nicht dazu in der Lage ist, immer anwesend oder präsent durch Anrufe zu sein. Jemand, der nur zu vorher festgesetzten Zeiten zur

Verfügung steht. So fällt aller Alltag von einem ab. Es ist klar, zu welchem Zeitpunkt er und ich gute Stimmung haben müssen, wann wir bereit sein müssen uns auf den anderen einzulassen, etwas zusammen zu unternehmen, für den anderen da zu sein. Ist diese Zeitspanne vorüber, bleibt wieder die Zeit für das eigene Leben. Er ist dankbar für die Stunden, die ich mit ihm verbringe, ist immer guter Laune und kommt nie gestresst, überarbeitet oder mit Anforderungen zu mir, die mein Können übersteigen. Er weiß und ist es auch, dankbar, hilfsbereit, freundlich, zuvorkommend. Froh eine Frau gefunden zu haben, welche das Gefängnis im Hintergrund nicht abschreckt. Für die es eher einen Vorteil darstellt. Da sie so nicht rund um die Uhr Frau sein muss, sondern immer in kleinem, abgestecktem Rahmen. Ich fühle mich in Sicherheit, als die Stärkere und in der Gewissheit, dass er nicht plötzlich auf der Matte stehen kann, um irgendwas von mir zu wollen. Er ist versorgt. Zusätzlich gibt es lange Telefongespräche, noch längere Briefe, mit rosa Tinte verfasst und mit selbst gemalten Bildern verschönert. Dann kommen natürlich auch Blumen an.

Selbstverständlich Rosen mit Brief in der Art:

„Liebste,
wenn Du diese Zeilen liest, wirst Du gerade einen Strauß Rosen bekommen haben. Jedoch ist dies nur ein kleiner Teil von dem, was ich für Dich empfinde. Demnach müssten es Tausende von Rosen sein, um Dir zu zeigen, wie ernst ich es meine und wie sehr ich Dich mag. Ich weiß nicht, was ich sonst noch tun soll, um Dein Herz zu erobern.
Sven"

Im Gefängnis hält er sich genau an die Tageseinteilung, die von der Anstalt vorgegeben wird, um einen reibungslosen Tagesablauf für alle vorauszusetzten. Er steht auf, wenn er zur Weckzeit geweckt wird, wäscht sich und zieht sich an. Lüftet seinen Raum und räumt ihn auf. Genau wie es in der Hausordnung steht. Sodass er sich pünktlich um 6.50 Uhr sich zum Frühstück einfindet. Um 7.05 Uhr befindet er sich dann in der Schreinerei bei der Arbeit. Wo es um 9.00 Uhr ein Arbeitsfrühstück gibt. Bis 12.15 Uhr wird dann gearbeitet, daraufhin folgt die

Mittagspause. Die Arbeitszeit dauert bis 15.40 Uhr. Was er alles genau einhält. Dann darf er sich eine Stunde im Freien aufhalten. Auch abends gibt es Angebote. Wenn Sven die Anonymen Alkoholiker besucht und in den Trainingsraum geht. Ab 22.00 Uhr ist er in seiner Unterkunft und das Licht ist aus. Zweimal im Monat darf er im gefängniseigenen Laden etwas einkaufen. Bei ihm waren das meistens Kaffee und Gummibärchen. Auch hatten wir uns an die Besuchszeiten zu halten, die neunzig Minuten nicht überschreiten. Sowie an die Telefonzeiten. Seine Zelle reinigt er nach Anweisung einmal die Woche. Arbeitet auf eine gute Zukunft hin, hat seinen Hauptschulabschluss im Gefängnis nachgeholt. Anschließend noch die Ausbildung zum Schreiner gemacht und abgeschlossen. Sogar mit sehr guten Noten. Die Therapie beantragt, begonnen und durchgezogen bis zum Ende. Er ist zu den Beamten, welche im Gefängnis arbeiteten, immer höflich, sagt Bitte und Danke, denn sie können ja nichts dafür, dass er hier einige Jahre verbringen muss. Machen nur ihre Arbeit. Die Sozialarbeiterin bescheinigt ihm die besten Voraussetzungen für die

Wiedereingliederung in unsere Gesellschaft, der Therapeut ist zuversichtlich, lädt ihn sogar dazu ein, mit ihm ein Fußballspiel des Sportklubs Freiburg anzusehen, wenn er Urlaub vom Gefängnis hat. Auch die Anstaltsleitung ist im Bezug auf Sven guter Hoffnung, dass sich ihre Arbeit auszahlen wird. Sven hat regelmäßig an den Treffen der Anonymen Alkoholiker teilgenommen, diese Gruppe wird auch im Gefängnis angeboten. Angehörige dieser Gruppe kommen regelmäßig zu Treffen ins Gefängnis ,um ihren Mitgliedern dort die Möglichkeit zum Austauscht zu geben. Diese Treffen hat Sven auch mit großem Engagement und mit viel Einsatz mitgestaltet. Er baut in dieser Gruppe Freundschaften nach außen auf . Vor allem die zu einem betroffenen Anwalt, der die Treffen von außen besucht. Seine ganzen Bemühungen werden gesehen und als sehr gut aufgenommen. Nicht zu letzt spielt es eine Rolle, dass er soziale Kontakte nach außen hat. Welche ihm bei der Wiedereingliederung helfen. Auch ich komme in die Akten als positiver Pluspunkt.

Beim nächsten Ausgang erhalte ich ein Bild als Geschenk. Dieses stellt drei Rosen in einem Strauß da. Es wurde von einem

Mitgefangenen, der wegen Brandstiftung sitzt ,gemalt. Sven machte dazu in der Schreinerei selbst einen schönen Rahmen drum herum. Dann wird der Anwalt für die Treffen der Anonymen Alkoholiker gesperrt, denn es ist aufgeflogen, dass er Rauschgift von draußen mit nach drinnen genommen und dies an die Gefängnisinsassen verkauft hat.

Vor meinen Besuchen im Freiburger Gefängnis hatten wir erst noch formelle Dinge zu erledigen. Das hieß, erst mal eintragen lassen in die Besucherkartei. Was Sven machen musste und dann einen Termin ausmachen. Das erste Mal ins Gefängnis zu gehen, als Besucher, ist eigentlich sehr spannend. Wer sieht so was schon mal von der anderen Seite? Ich lernte, dass man pünktlich zu kommen, den Ausweis abzugeben hat, und ich erfuhr, dass die Zellen im Gefängnis nicht durch Gitter begrenzt waren, sondern auch nur Mauern hatten. Eine meiner ersten Fragen war: „Stört es dich nicht, wenn die anderen in ihrer Zelle rauchen und du dann den ganzen Rauch durch die Gitterstäbe abbekommst?" So wurde ich belehrt, dass es die Gitterstäbe, welche die Zellen voneinander trennten, wohl nur im Fernsehen gibt, und hier, zumindest in Freiburg, ganz altmodische Wände um die Gefangenen herumgebaut waren. Was mich auch erstaunte war, das der Empfangsbereich, Aufenthaltsraum, sowie der Besucherbereich genau so aussahen wie meine Berufsschule, in die ich gegangen war. Rote Wände, wegen der Backsteinmauern, wo es ging Holz, ein Parkettboden und viele Grünpflanzen, die so groß wie möglich dastanden. Das fand ich sehr erstaunlich, denn so war mir der Raum nicht wirklich fremd oder ich fühlte mich auch nicht unwohl. Nach der Anmeldung durfte ich noch etwas bezahlen, um später einen Kaffee trinken zu können, und bei der Gelegenheit überreichte ich dem diensthabenden Beamten eine Schachtel Tee. Welche noch geschlossen und voll mit Teebeuteln war, dessen Konsum bei Kopfschmerzen helfen sollte. Sven hatte darüber geklagt, und dass man Medikamente nicht mit ins Gefängnis bringen durfte, war mir vollkommen klar. Da dachte ich, Tee kann da auch helfen, und so brachte ich diesen mit. Der Beamte schaute die Schachtel kurz an, gab sie mir zurück und machte Zeichen, dass es okay ist, wenn ich die Schachtel mit hinein nehme. Zur damaligen Zeit machte ich mir keine Gedanken über Sicherheitsvorkehrungen und hatte auch noch keine Vorstellungen davon, für was Teebeutel alles verwendet werden. Wenn ich heute daran denke oder nach achtzehn Jahren das jemandem erzähle, der Erfahrungen mit den Besuchen im Gefängnis hat, ist es für uns jetzt nicht mehr vorstellbar, auf den Gedanken zu verfallen Tee mit rein nehmen zu wollen. Es ist fast ein Witz und immer ein Grund zum Staunen, dass so etwas irgendwann mal durchging. Die restlichen Sicherheitsmaßnahmen waren, wie man sich das eben so vorzustellen hat. Ich wurde mit einem Stab abgetastet, musste durch eine Schleuse. Sven kam mit meinem einbezahlten Geld in Joggingkleidern in den Besucherraum. Dort hielten sich auch alle anderen Insassen der JVA, welche an diesem Tag Besuch bekommen hatten, auf. Jedem war ein Tischchen zugewiesen, und eine Wand bestand aus einem Spiegel. Da konnte man sich denken, wer da dahinter saß. Bei unserem Tisch an der Wand hing ein großes Plakat. Weiß, mit vielen selbst geschriebenen Sätzen darauf. Einer davon ist mir heute noch im Gedächtnis. "Papa, warum hast du das getan?" Da sitzt man also zwischen all den anderen an Tischen, auf Stühlen, trinkt einen Kaffee aus dem Automaten, isst vielleicht dazu einen Schokoriegel und hat neunzig Minuten Zeit, sich etwas zu erzählen. Angeblich ist das schon länger, als wie sich ein „normales" Ehepaar zu Hause im Schnitt im Monat unterhält. Wenn man der Statistik glaubt. Eigentlich ist es ganz nett, so zu reden, denn das tut man so ausführlich sonst wirklich nicht. Es wird viel gesprochen; durch die Besuchszeit, die Telefonate, die Briefe erfahre ich viele Lebensumstände. Aber natürlich alles unter Bewachung und Aufsicht, ein gefiltertes Gespräch nach dem anderen. Ob es daran liegt, dass doch nur immer Themen besprochen werden, die mich nicht wirklich auf all das Bevorstehende vorbereiten? Zum Abschluss meines Besuches erhielt ich von Sven ein kleinen Päckchen, welches ich mit hinausnehmen durfte. Darin war ein grünes Seidentuch, auf dem viele Sonnenblumen abgebildet waren, ein Gedicht lag auch mit dabei. Beides selbst entworfen und gestaltet. Abends rief er an, und er redete darüber, wie er verliebt wäre; das alles war neu für ihn, da er es das erste Mal mit klarem Kopf mitbekäme. Denn früher wäre er immer betrunken gewesen.

Auch als er verliebt war. So stellt das alles für ihn einen neuen Erfahrungsbereich dar. Obwohl er neun Jahre älter ist als ich, bin ich die Erste, mit der er das bei vollem Bewusstsein erlebt. Was durch die Tatsache des Gefängnisaufenthaltes zustande kommz. Der nächste Urlaub brach für Sven heran, den wir gemeinsam verbrachten mit Stadtrundgängen. Besuchen bei seiner Großmutter. Irgendwann, bei mir zu Hause, kam eine Bote von einem Blumenladen, der mir einundzwanzig rote Rosen von Sven überbrachte. Ich weiß nicht, ob er der Grund auch hierfür, wie für so viel anderes ist. Für meine Abneigung gegen Blumen. Ich kann einem Blumenstrauß nicht mehr etwas Positives abgewinnen. Er ist für mich immer ein Symbol für Verrat, Vertuschung, Täuschung. Es ist eigentlich etwas geschehen, was durchaus als negativ angesehen werden kann. Das verdecken wir erst mal hinter einem Strauß Blumen. Blumensträuße sind Botschafter kommender Katastrophen. Welche bereits geschehen sind, die aber noch nicht bis zu mir vorgedrungen sind. Doch noch bevor diese Sträuße anfangen ihren Geruch nach Tod zu verbreiten, hast du schon erfahren, was sie verschleiern hätten sollen. Wir unternahmen auch einen Ausflug zum Feldberg, wobei ich damals noch nicht wirklich auf das Wandern stand und wir zudem in ein Gewitter kamen und total nass wurden. Auch eine Erfahrung, die er länger schon nicht mehr gemacht hatte. Generell lernt man als Begleiterin eines Mannes, der einige Zeit im Gefängnis verbracht hat, die Welt wieder mit anderen Augen zu sehen. Alles erscheint neu, und ich machte mir einige Gedanken darüber, was sich alles verändert hatte, seit er das letzte Mal in unserer Welt herumgelaufen war. Da einiges doch neu war für ihn. Auch die aktuellen Preise für Zigaretten erschreckten ihn das erste Mal. So habe ich verstanden, dass wir uns hier ziemlich schnell um uns selbst drehen, ständig in Veränderungen, leben die uns nicht mehr wirklich bewusst sind. Abends bereitete ich ein schönes Essen für uns vor. Legte im Wohnzimmer Decken und Kissen aus und stellte dort das Abendessen auf. Wie bei einem Picknick. Wir unterhielten uns lange, und dabei erzählte er mir, dass er, bevor er ins Gefängnis hätte gehen sollen, abgehauen ist. Dreiundzwanzig Tage war er auf der Flucht vor dem Gefängnis. Während dieser Zeit hat er

Diebstähle begangen und unter falschem Namen in Hotels gewohnt, die er dann nicht bezahlt hat. Am nächsten Morgen bekam ich das Frühstück ans Bett, und später gingen wir auf eine Ausstellung von vielen verschiedenen Möbelanbietern. Dort suchten wir den Stand auf, an dem die Schreinerei, in der Sven einen Arbeitsplatz erhalten sollte, ihre Möbel ausstellte. Wenn alles unter Dach und Fach sein wird, kann er dann nach Waldkirch verlegt werden. Wo es einen offenen Vollzug gibt und von wo er täglich zu der Schreinerei nach Umkirch fahren und dort arbeiten gehen kann. So lernte ich Svens neuen Chef kennen. Das Sehenswerteste des Standes war ein ausgestelltes Waschbecken aus Holz, das mich sehr beeindruckte.

Die Besuche im Gefängnis bei ihm schlichen sich zu einer gewissen Regelmäßigkeit ein, und auch seine Ausgänge wurden immer mehr ein Stück meines Alltags. Er freute sich sehr über jeden Tag, den er Urlaub aus dem Gefängnis bekam, und natürlich wollte er diesen immer mit mir verbringen:

„Liebes Engelchen,
ja, nun war es endlich soweit. Ich komme soeben von unserem Telefonat, und es war

einfach super, wieder mal Deine Stimme zu hören. Musste mich schwer zusammen nehmen. Hätte so gern einen Jubelschrei losgelassen, aber dann wärest Du ja gleich wieder geschockt gewesen. Und sie waren auch wieder da, die Schmetterlinge im Bauch. Eigentlich wollte ich Dir nichts sagen wegen des Urlaubes. Hatte mir vorgestellt Dich am ersten Urlaubstag zu überraschen. Aber als wir uns dann unterhalten haben, dachte ich mir, egal, sag es ihr. Vielleicht freut sie sich auch darüber, und ich glaube, Du hast dich gefreut, oder? Freut mich immer sehr, wenn ich Dich lachen höre. Warum kann nicht schon Dienstag, 8.30 Uhr sein? Na ja, abwarten. Wir hatten ja mal das Thema schlechte Angewohnheiten, und gerade in letzter Zeit ist das bei mir die Ungeduld. Wünsche mir, dass es besser wird damit. Du hast mich ja nach meinen Urlaubsplänen gefragt. Pläne und Wünsche hätte ich viele, doch sind diese meist in Verbindung mit Dir. Du kennst meine Gefühle und Empfindungen für Dich. Und gerade deshalb weiß ich nicht, ob es dir recht wäre. Immer irgendwo die Angst im Hinterkopf, etwas falsch zu machen. Warum mache ich mich ständig nur selbst so

verrückt? Draußen regnet es. Finde ich toll. Es ist doch schön, im Regen spazieren zu gehen. Und dann noch krank zu werden und sich gesund pflegen zu lassen von Katharina. So, nun aber genug für heute.
Sven"

Während dieser Zeit versucht man alles schön vorzubereiten, es werden Stunden im Bad verbracht und mit der genauen Planung der Abläufe. Da die gemeinsamen Zeiten von einer anderen Macht geleitet und begrenzt werden, müssen sie auf das Beste genutzt werden, und meine Lebensumstände werden auf die Gefängniszeiten abgestimmt. Um zu dem Zeitpunkt da zu sein, der von anderen dafür geplant wurde. Sven war sehr genau in diesen Abläufen. Was seine vorgegebenen Zeiten der Wiederankunft „drinnen", den Alkohol und das Autofahrverbot betraf. Auch die gelegentlichen Anweisungen, wozu der Ausgang genutzt werden soll. Wie zum Beispiel zu einem Treffen der Anonymen Alkoholiker. Und da er seinen Anweisungen so korrekt nachkam, er eine Arbeitsstelle gefunden hatte und es keinerlei Probleme mit ihm gab, wurde er schließlich auch verlegt nach Waldkirch, zu den Freigängern. Was bedeutete, dass er unter der Woche morgens das Haus verlässt, zur Arbeit geht und, wenn diese beendet ist, wieder zum Schlafen hinter die Mauern zurückkehrt. Die Verlegung und die Umstellung waren für Sven jedoch mit einer gewissen emotzionalen Spannung verbunden. Er hatte Bedenken vor dem, was dort auf ihn zukommen mochte. Sodass er mit gemischten Gefühlen übersiedelte. Aber sobald er angekommen war, seine Einweisung hinter sich gebracht hatte, ausgepackt war, rief er mich an, und ich machte mich nach seinen Anweisungen auf den Weg, ihn zu besuchen. Was einfach so, ohne lange Voranmeldung dort möglich war. Dieser Besuch überzeugte mich dann auch davon, dass er gut dort angekommen war und sich seine Bedenken in Luft aufgelöst hatten. Seine privaten Sachen durfte er jetzt benuzten, er konnte auch von „draußen" angerufen werden, und ich durfte sogar ganz offiziell eine Packung Kaffee mitbringen. Das Wichtigste daran aber war, das sman alleine in einem Besuchsraum sein durfte mit geschlossener Tür und ohne Bewachung. Die vielen Blumensträuße, welche ich von ihm erhalten sollte, nahmen in dieser Zeit noch etwas zu. Die Blumen und meine veränderten

Lebensumstände wurden natürlich auch von meiner Familie bemerkt, und schnell hatten sie heraus, um was für eine Art Mann es sich bei Sven handelt. Innerhalb Minuten war meinen Eltern klar, wie tief der Abgrund in seiner Seele war. Sie waren sich so absolut gewiss und felsenfest überzeugt, dass diese ihre Meinung zu großen, lauten Streitereien führte. Alle wussten etwas über ihn, woher er gekommen war und wie er weitergehen würde. Ich hatte ihn niemandem vorgestellt, jedoch wussten alle viel mehr über sein Leben, als ich es nur ansatzweise wissen konnte. Wenn ich mir heute die ganzen damaligen Argumente durch den Kopf gehen lasse, muss ich sagen, auch heute noch weiß die Familie mehr über ihn als ich. Noch nach all den Jahren glauben sie alles von ihm zu wissen und haben ihn doch nur einmal gesehen. Ich, die ich seit so langer Zeit versuche aus diesem Leben schlau zu werden, merke mit jedem Tag dass ich immer weniger weiß. Heute weniger als gestern.....Heute weiß ich weniger über ihn als am Tag unseres ersten Kennenlehrnens. Wenn ich ihre Worte höre, muss ich ihnen natürlich recht geben. Ein Straftäter, da hat jeder sofort sein Bild im Kopf und die passenden Worte auf der Zunge, und die Bilder sind die richtigen und die Worte auch. Jedoch haben diese Bilder einen doppelten Boden, die Worte ein zweites Gesicht. Schon allein das Wort Straftäter kann zu so unterschiedlichen Emotionen führen und solch unterschiedliche Lebenswege beschreiben, dass es bei siebenhundert Gefangenen, die in Freiburg einsitzen, siebenhundert verschiedene Menschen umschreibt. Siebenhundert Lebenseinstellungen, die keinerlei Berührungspunkte aufweisen und doch mit Worten wie Beschaffungskriminaltität, Verwahrung, Wiederholungstäter, kriminelle Lebensweise, Sicherheitsrisiko ausdrücken können ,was diese Leben bedeuten. Immer bedeuten werden. Was uns Betroffene vielleicht verbindet, aber auch gleichzeitig wieder trennt. Selbst nach dem Absitzen der Haftstrafe werden solche Worte immer in den Augen der Person stehen, mit der du dich gerade unterhältst: egal mit wem du sprichst, in den Augen stehen Worte wie diese. Aber wenn du zu deinem Pech auch noch eine Verwandte, Angehörige eines Straftäters geworden bist oder dich selbst dazu gemacht hast, so wie ich, aus eigener Entscheidung, siehst du darüber hinaus auch andere Worte. Räuberbraut, Mittäter, Mitwisser, Alibigeber, Selbstverschulden, Betrügerin, Lügnerin, Helfersyndrom, immer schwingt etwas mit von: „Kann man der überhaupt trauen, wenn sie sich auf den eingelassen hat?" Wenn sie vielleicht mehr, als sie sagt, weiß etwas, schützt und deckt. Du stehst bei allem, was du sagst, auf dem Prüfstand. Ist das auch die Wahrheit oder wieder gelogen? Wieder gelogen? Warum eigentlich wieder? Hast du vor ihm gelogen, und jetzt, wo du ihn kennst, wird es allen deutlich, dass du eigentlich schon immer gelogen hast? Oder lügst du sowieso, seit du ihn kennst? Hat das abgefärbt auf dich über Nacht? Wahrscheinlich nimmst du seine Wahrheit an als die deine und merkst zuerst nicht, dass nicht alles so hundert Prozent stimmt. Du vertrittst seine Lügen und lebst sie, als wären sie die Wahrheit. Wirst du dadurch zur Lügnerin? Oder beginnst du eine Welt aufzubauen, wie er sie gerne hätte? So wie er sie sich vorstellt aus dem Gefängnis heraus, versuchst du ihm diese Welt zu schaffen ,damit er glücklich darin leben kann, wenn er entlassen wird. Versuchst zu dem Zweck ihn glücklich und zufrieden an *deiner Seite werden und ihn zu einem der Gesellschaftsmitglieder heranreifen zu lassen. Du übernimmst seine Wahrheit eins zu eins und lebst mit ihr, in ihr und für sie. Du hast eine andere Wahrheit. Ist das eine Lüge? Es ist deine Wahrheit. Eure Wahrheit, und so unterscheidet ihr euch gemeinsam von der verurteilenden Masse. Bis nur noch er am Ende bleibt, da er der Einzige ist, welcher deine Wahrheit teilt. Der Einzige, der in deiner Welt noch real existiert. Manchmal glaubst du verrückt zu werden, weil Dinge geschehen, die eure Wahrheit infrage stellen und die du doch nicht mit anderen abgleichen kannst,   da sie zu bedrohlich sind, dein aufgebautes Weltbild ins Wanken zu bringen drohen, und er ist doch der Einzige, der dir noch geblieben ist. Du kannst doch jetzt nicht mehr ins feindliche Lager wechseln. Ins Lager der ausdrucksstarken Augen voller Genugtuung, dass sie es doch gewusst haben und alles nur gelogen war. Du kannst nicht zugeben, dass deine Wahrheit gescheitert ist, da es für dich sonst keine andere mehr gibt. Er ist deine Wahrheit, du musst doch nach irgendwelchen Regeln, nach einer Richtschnur, nach einer, seiner Wahrheit leben. Zurück geht nicht*

mehr. Die andere Wahrheit kommt dir noch
verlogener vor.

*„Spiel erzeugt eine andere Wirklichkeit: die
der Möglichkeiten."*
Natias Neutert

Die Belagerung des Grüns hat begonnen

*Wegen der negativen Stimmung von außen,
von meiner Familie, beschlossen wir beide
zusammen eine Wohnung zu suchen. Weiter
weg von meiner Familie und etwas Eigenes,
nur für uns. Sven hatte jetzt am Wochenende
Ausgänge oder sogar Urlaub. Das eine hieß
nur nachts zum Schlafen wieder rein. Das
andere bedeutete von Freitag- bis
Sonntagabend draußen bleiben. Auch abends
durfte er länger aushäusig bleiben, und so
wollten wir eine sichere Bleibe für uns, wo
wir ungestört von Kommentaren und Augen
sein konnten. Tatsächlich gefiel uns auch
gleich die erste Wohnung, die wir
besichtigten, und der Mietpreis kam für uns
infrage. Sogar eine Zusage für die Wohnung
hatten wir ziemlich schnell in der Tasche. Es
wurde auch schon über eine baldige*

Haftentlassung von Sven gesprochen. Sodass wir demnächst ganz zusammen dort würden wohnen können. Kurz vor Weihnachten zogen wir ein. Sven blieb öfter noch nach Feierabend in der Schreinerei und schreinerte eine kleine Küche für uns und einen großen Kleiderschrank mit Spiegel. Zum Einzug erhielt ich von ihm durch einen Booten überbracht zweiunddreißig rote Rosen, die ich aus Mangel an einer Vase in einen großen Putzeimer stellte. Wenn wir beide zu Hause waren, liebte Sven es, lange zu baden, gemeinsam mit mir, und in der Badewanne führten wir überdies die längsten Gespräche über alles, was so anstand. Dies änderte sich nicht in den späteren Jahren, die Badewanne war unser Gesprächsort. Außerdem kochte er sehr gerne und ausgiebig. Es gab lange gemeinsame, selbstgekochte, Abendessen. Sven war zu Hause sehr oft, eigentlich die meiste Zeit, unbekleidet. Kein Mensch weiß warum. Vielleicht wollte er sich von dem Stress befreien, den es mit sich brachte, wenn er immer so ungemein bekleidet auf der Straße herumlief.

Dieses erste gemeinsame Weihnachten hatten wir auch einen Weihnachtsbaum, und es wurde sehr auf die Tradition geachtet. Mit Geschenken, gutem Essen und einer schönen besinnlichen Feier. An einem dieser Weihnachtsfeiertage fand dann auch das erste und einzige Treffen meiner Eltern und meiner Großmutter mit Sven statt. Alle haben sich zusammengenommen und sich von ihrer besten Seite gezeigt. Es gab kein Anzeichen mehr einer schlechten Stimmung an diesem Tag. Das Seltsame an einem Leben mit einem straffällig gewordenen Menschen ist, dass in seiner Gegenwart nie abwertende Worte über die Taten und seine Lebensumstände fallen, denn unsere Gesellschaft ist ja aufgeklärt. Wir wissen, dass jeder mal einen Fehler machen kann, dass es kein Wunder ist, dass Menschen Straftaten begehe, die eine unzumutbare Kindheit erlebt haben: auch von Beschaffungskriminalität haben wir gehört, die sozialen Umstände werden berücksichtigt. Das Gefängnis hat einen coolen Schimmer, fast wird er dafür bewundert, so ein harter Kerl zu sein, dass er da rein muss, und nicht umsonst gibt es den Satz: „Ein Mann ohne Knast, ist wie ein Schiff ohne Mast." Der Spruch „Wer ohne Sünde ist, werfe den ersten Stein" ist sehr kultiviert: zweite Chancen werden gegeben, wer will denn ein Unmensch sein und „so jemandem" eine zweite Chance verweigern? So kommt es wohl, dass der Täter, zumindest in meinem Fall, nie mit Missbilligung durch die Gesellschaft direkt gestraft wird. Er muss sich nicht rechtfertigen, Erklärungen abgeben oder sich gar entschuldigen. Das überlässt die Gesellschaft den dazugehörenden Frauen. Denn kaum ist der Mann durch die Türe verschwunden, kommen all die Fragen, Vorurteile und beleidigenden Äußerungen ans Tageslicht, vor deine Füße geworfen, in dein Herz gegeben. Oft habe ich in solchen Momenten gedacht, wenn es für mich doch auch so einfach wäre, dann könnte ich einfach für ein, zwei Jahre hinter den Mauern verschwinden, müsste mir nichts dergleichen anhören oder ausbaden. Komme wieder raus, und jemand anderes hat den Menschen bereits erklärt, um was es geht, und zu mir sind dann alle wieder nett und freundlich. Hauen mir anerkennend auf die Schulter. Heute denke ich noch, dass wir mal tauschen könnten. Ich sitze seine nächste Strafe ab, und er übernimmt dann all das was in so einem Fall hier draußen zu tun ist. Ich könnte Stein und Bein schwören, dass er in seinem Leben, nach dieser Erfahrung, nie wieder auch nur einen Spielautomaten mehr ansehen wird. Er wäre endlich straffrei.

Nachdem wir ein halbes Jahr zusammen sind, gibt es die erste Eintragung in meinem Tagebuch darüber, dass wir einen Krach hatten und uns am Tag danach darüber ausgesprochen haben. So nehme ich an, dass dies der erste Schritt in meine persönliche Hölle war. Die erste Erfahrung auf meinem weiteren Lebensweg mit der Geschichte, die mich zu dem gemacht hat, was ich heute bin. Wir haben immer nur über dasselbe gestritten und doch über andere Ausführungen derselben Sache. Nie gab es einen Anlass im Alltäglichen zum Streit. Nie darüber, wer putzt, kocht, bügelt, einkauft, über zu wenig Blumen, zu wenig Geschenke, keine gemeinsame verbrachte Zeit oder fehlende Aufmerksamkeiten. In dieser Hinsicht war, ist er der perfekte Mann. Er macht dir den gesamten Haushalt, plus Wäsche, Einkauf und Kochen, ja auch den Abwasch. Ohne dass du es nur aussprechen musst, dass etwas zu tun wäre. Er denkt immer an dich, bringt was mit und ruft von unterwegs an. Nie fehlt es an netten Worten und einer wertschätzenden Haltung. Kein

Geburtstag, Jahrestag oder sonstiges Fest wird vergessen, an alle gedacht; ich werde zu jedem denkbaren Anlass beschenkt, auch mit Blumen bedacht. In dieser Hinsicht war er der Mann, welcher mich angelernt hat. Er hat mich zu einer Partnerin gemacht, die um das gemeinsame Leben weiß. Zusammen für das Arbeiten verantwortlich sein, den Haushalt, die Familie mit einbeziehen. Er ging jedes Wochenende seine Großmutter mit mir besuchen, auf der Ebene der Beziehung konnte ich alles Alltägliche mit ihm teilen und auch besprechen. Kein Thema, über das er nicht redete, und auch im Bett wurde ich angelernt. Zu einer willigen, gleichberechtigten Freundin. Er forderte aber seinen täglichen Sex. Immer, jeden Tag war es gemeinsam baden, reden, sich austauschen, kochen, Abendessen, und dann gingen wir schlafen, jedoch nicht ohne vorher Sex miteinander gehabt zu haben. Auch nach Jahren wollte er das weiter so beibehalten: wenn ich mich mal zu entziehen versuchte oder nur noch zehn Minuten etwas anderes zu tun hatte und nicht gleich auf sein ablaufendes Abendprogramm ansprang, schlug er beleidigt die Tür hinter sich zu und war sauer. Auch wenn ich zuvor noch gar nicht gemerkt hatte, dass er sich in der Einstimmungsphase befand, unbedacht nicht gleich auf ihn einging. Knall. Dann habe ich es gemerkt, und ich musste mit meinem „Tanz um die heilige Jungfrau", wie ich es später nannte, beginnen, um es wieder gut zu machen.

Beide konnten wir nicht tanzen, und von daher beschlossen wir einen Tanzkurs zu belegen, da wir es gerne lernen wollten. Wir nahmen an einer Schnupperstunde teil und meldeten uns auch gleich an. Meinen Anteil der Kosten gab ich Sven, damit er ihn zusammen mit seinem an die zuständige Stelle überweisen konnte. Da es ein Paarkurs war. Dann kam auch gleich die erste Stunde, die wir ganz gut hinbekamen. Als die zweite anstand, regnete es, und Sven hatte keine Lust, bei dem Regen noch mal los zu gehen, vor allem da er von der Arbeit kam und später dann ja noch zurück nach drinnen musste.

So blieben wir in unserem Heim, stellten die Liegestühle auf die Terrasse und sahen von dort aus dem Regen zu. Zum Glück durfte man verpasste Tanzstunden an dafür vorgesehenen Tagen nachholen, und so verabredeten wir uns dafür, die verloren gegangene Stunden aufzuholen. Aber die Woche drauf schafften wir es wieder, den regulären Termin zum Tanzen einzuhalten. Für die Tanzstundentermine hatte Sven sogenannten Sportausgang, auch zur vierten Stunde, zu der wir gemeinsam aufbrachen, mit der Straßenbahn, in der er mich wie aus heiterem Himmel anschrie, ohne dass es zuvor einen besonderen Vorfall gegeben hätte oder dass ein Grund ersichtlich wurde, warum er jetzt sauer war. Ich verstand gar nicht, was er jetzt hatte, was er wollte, was ich tun sollte, um es ihm recht zu machen. Es war nichts. Aber er schrie und war dann plötzlich aus der Straßenbahn verschwunden. Zum Kurs tauchte er auch nicht auf ,und ich setzte mich etwas vor die Tür und wartete, dachte, er beruhigt sich wieder und kommt doch noch. Zumal es gar keinen Anlass für sein Verhalten gab. Da saß ich und heulte etwas vor mich hin. Der Vorsaal war mit vielen Spiegeln versehen, welche in vergoldeten Rahmen um mich herumhingen und die vielen Lichter widerspiegelten. Spiegel um Spiegel, und ich konnte nicht verstehen ,was passiert war. Ich in vielen heulenden Ausführungen, aber ohne die Wahrheit über mein Erlebnis. Diesen

Abend und den kommenden Tag herrschte zwischen uns Funkstille. Er war ja sowieso in Waldkirch oder bei der Arbeit. Sonst hatten wir aber trotzdem immer Kontakt, wenigstens telefonisch, oder es fand sich immer mal wieder eine Lücke, sich zu sehen. Dieses Mal allerdings schafften wir es bis am Abend um 21.15 Uhr Stille zu wahren. Dann rief er doch an und sagte, er habe eine halbe S t u n d e   l a n g   s e i n e n   M u t zusammengenommen, um sich zu melden. Er müsse sich entschuldigen, er sei eben manchmal ein Arsch. Weiter gab es keine Erklärung für sein Verhalten, doch da er vorhatte am morgigen Tag bei mir vorbeizuschauen, dachte ich, wir würden den Vorfall dort klären. Jedoch war das Einzige, was geklärt wurde, ungeachtet des langen gemeinsamem Gesprächs, dass er mich liebt. Mit der nächsten Post kam dann eine Erinnerung daran, dass wir den Tanzkurs doch noch bezahlen sollten. Ich wies Sven darauf hin, und er meinte, dass er das doch schon getan habe. Ich dachte, das wäre eine allgemeine Erinnerung an alle gewesen, und hakte die Sache damit ab.

Die Woche drauf wartete ich wieder im Spiegelsaalbereich auf Sven, der dieses Mal direkt von der Arbeit zur Stunde kommen wollte. Nachdem ich einige Zeit gewartet hatte und der Kurs dann anfing, ging ich zurück nach Hause. Wo er mich anrief, das s er leider länger arbeiten müsse. Anstatt Sven beim Tanzkurs erschien der Briefträger mit Post. Dieses mal eine Mahnung für die Zahlung des Kurses. Wieder informierte ich Sven. Er würde sich darum kümmern. Zu meinem Geburtstag überraschte mich Sven dann mit der Erfüllung eines Herzenswunsches von mir. Ich hatte mal erwähnt, dass ein großer Wunsch von mir sei, einmal mit einem Heißluftballon zu fliegen. Und diesen Wunsch gedachte er mir zu erfüllen. Eigentlich war es so gedacht gewesen, dass ich an meinem Geburtstag fliegen sollte, aber an diesem Tag war gerade nicht das nötige Wetter dazu. Doch als es mit dem Wind stimmte, bekam ich um 3.30 Uhr nachts einen Anruf vom zuständigen Veranstalter , dass es heute los ginge und ich um 5.00 Uhr abgeholt werden würde, um nach Gundelfingen zu fahren, denn dort war der Abflug geplant. Beinahe hatte ich den Anruf nicht gehört, weil unser Telefon einen Defekt zu haben schien, es klingelte mal nur ganz leise und an anderen

Tagen wieder lauter. Diese Nacht war eine der leisen. Aber das war schnell wieder vergessen, angesichts der Tatsache, dass ich vom Flugbegleiter auf einem Motorrad abgeholt wurde. Das allein war für mich schon aufregend genug. Auf dem Fluggelände fing ich dann an meinen Gutschein von Sven einzulösen, Eine Ballonfahrt! Wir, es waren noch drei andere Kunden dabei, der Pilot und der Begleiter, haben angefangen alles aufzubauen. Am tollsten war das Aufblasen und wie der Ballon immer größer und bunter wurde. Wir kletterten in den Korb und hoben ab. Zuerst flogen wir über den Stühlinger, auch über das Haus meiner Eltern, dann über St. Nikolaus und Tingen und immer weiter. Es war so sanft und vor allem so friedlich. Eine Ballonfahrt ist total voller Frieden und Ruhe, zum Nachdenken. Einmal standen wir mitten in der Luft. Insgesamt flogen wir eineinhalb Stunden, bis Frauenkirchen, und landeten schließlich auf einem abgeernteten Kartoffelfeld. Wo wir schon erwartet wurden und wieder beim Einpacken halfen. Danach sammelte ich noch ein paar übrig gebliebene, herumliegende Kartoffeln ein. Das gab dann das Mittagessen für den heutigen Tag, denn trotz meiner extremen Sparsamkeit reichte unser Geld nicht so gut aus, wie ich das angenommen hatte. Sodass ich froh war über dieses kostenlose Essen. Klar, die Fahrt hatte auch „Unsummen", für unsere Verhältnisse, verschlungen, aber Sven genoss es immer wieder, mir Geschenke zu machen: heute weiß ich, dass unsere ständig zunehmende Geldknappheit nicht wirklich was mit dieser Fahrt zu tun hatte oder mit ein paar Jeanshosen zu erklären war, die ich damals gerade noch hätte finanzieren können, was sich in den späteren Jahren deutlich änderte. Nach der Ballonfahrt wurden wir vom Piloten geadelt, das Haar wurde kurz angesengt, mit Sekt gelöscht, dann davon getrunken. Überreicht wurde uns eine Urkunde mit unseren adeligen Namen und eine Brosche in Form eines Heißluftballons. Da ich kein Auto hatte und keine Möglichkeit, wieder nach Hause zu kommen, wurde ich auch wieder mit dem Motorrad zurück gefahren. Sven hatte abends dann Sportausgang. Aber wir haben nur im Bett gelegen, ferngesehen und geredet.

Auch erhielt ich eine Einladung aus meinem Verwandtenkreis zu einem kurzen Urlaub in

Genf: ich entschloss mich zu fahren. Was ich auch zum Anlass nahm, ein kleines Abschiedsfest für Sven vorzubereiten. Mit Kerzen und schönem Picknick. Um 10.00 Uhr wurde ich von meinem Onkel mit dem Auto abgeholt, und mit einem kleinen Zwischenstopp zum Essen kamen wir um 17.00 Uhr in Genf an. Wo es Pizza gab und wo wir noch lange beisammensaßen. Ich verbrachte eine Woche im Kreis meiner Familie mit Fondue essen, Kino besuchen und Telefonaten nach Freiburg. Mit dem Zug fuhr ich wieder nach Hause, am Bahnhof wurde ich von Sven abgeholt. Er kam mit guten Nachrichten, denn er hatte in dieser Woche seine Anhörung gehabt ,

und dabei wurde beschlossen, dass er vorzeitig entlassen werden kann. Nur noch fünfundzwanzig Tage, dann ist es soweit. Als er dann wieder zurückmusste, fand ich im Badezimmer mit Lippenstift auf den Spiegel geschrieben: „Ich hab dich lieb."

Den Tanzkurs schmissen wir. Es ergab sich so irgendwie, dass sich die Mahnungen und die Unstimmigkeiten im Bezug auf die Bezahlung häuften. Sven behauptete steif und fest, bis heute übrigens, er habe bezahlt. Die Schule aber sagte, sie habe kein Geld erhalten. Einmal bin ich sogar ins Büro gefahren, um die Sache dort zu klären, und das war für mich mit jetzt einundzwanzig eine große Herausforderung. Ich hätte den Kurs gerne gemacht, aber ich konnte keine Lösung finden für das bestehende Problem. Sven war der Ansicht, er zahlt doch nicht zweimal für dasselbe, und die Mahnungen und Anrufe, die manchmal doch durchkamen, trotz unserem Telefon, das einmal leise klingelte und einmal laut, gingen ihm auf die Nerven und wurden bei mir dann zu Streitereien. Also beschloss ich das Thema zu lassen, den Kurs abzusagen und nicht mehr davon zu reden. So kommt es, dass ich bis heute nicht tanzen kann und durch diese Erfahrung geprägt keinen weiteren Kurs mehr belegen werde. Nachdem wir den Tanzkurs auf diese Weise abgeschlossen hatten, vertrugen wir uns wieder, und zwischen uns war alles wieder okay. Wir gingen gemeinsam essen, und er kaufte mir ein neues schönes Kleid: bei der Arbeit wurde ich von einem neuen Kollegen angemacht, er machte mir Komplimente über das Kleid und schrieb mir sogar auch einen Brief. Danach fuhr ich noch nach Titisee zu Sven, der dort die Küche seiner Großmutter neu strich. Abends besuchte uns sein Bruder. Auch das Wochenende verbrachten wir in Titisee wo wir bei der Großmutter übernachteten und abends zum dortigen Seenachtsfest gingen. Sven mietete ein Boot ,mit welchem wir zum Feuerwerk hinausruderten. Am Tag durchliefen wir dann die vielen Touristenstände am See. Zurück zu Hause lernte ich einen Freund und dessen neue Frau kennen. Sven hatte Sven, denn der andere hieß genau wie er, im Gefängnis kennengelernt, und nachdem dieser jetzt auch auf dem Weg in die Freiheit war und sogar schon eine Frau zum Heiraten gefunden hatte, ergaben sich immer häufiger werdender Treffen zwischen uns Paaren. Am 8. Juli 1996 kam es dann vom Landesgericht zu dem Beschluss, dass die restliche Freiheitsstrafe zur Bewährung auf drei Jahre ausgesetzt würde. Sven freute sich sehr darüber und brachte mir den Beschluss mit, damit ich schwarz auf weiß lesen konnte, dass er demnächst wieder freier Mann sein würde. In dem Bericht konnte ich allerdings nicht nur das Ende der Haftzeit lesen, sondern auch den Grund für seine damalige Inhaftierung. Denn das Schreiben enthielt

alle ausführlichen Details darüber, was zu
der Inhaftierung geführt hatte:

„Der Verurteilte war 1990 wegen Diebstahl
in sechs Fällen in Tateinheit mit Fahren ohne
Fahrerlaubnis zu einer Freiheitsstrafe auf
Bewährung von einem Jahr und zehn
Monaten verurteilt worden. Die Bewährung
wurde widerrufen, da 1992 die nächste
Verhandlung anstand. Wegen Diebstahl in
drei Fällen sowie wegen Fahren ohne
Führerschein. Urteil war dieses Mal ein Jahr
und sechs Monate. 1994 kam noch Diebstahl
in zwei Fällen, wieder in Tateinheit mit dem
nicht erlaubten Autofahren, dazu. Sowie
Hausfriedensbruch, Urkundenfälschung in
zwei Fällen mit Tateinheit des Betruges
sowie Betrug in Tateinheit mit Fahren ohne
Führerschein. Dadurch kamen noch zwei
Jahre und zehn Monate hinzu. Diese Strafen
werden jetzt zu zwei Dritteln verbüßt sein,
und die Justizvollzugsanstalt Freiburg hat
die bedingte Entlassung des Verurteilten
befürwortet. Die Reststrafe konnte zur
Bewährung ausgesetzt werden, da es
verantwortet werden kann zu erproben, ob
der Verurteilte außerhalb des Strafvollzuges
keine Straftaten mehr begehen wird. Zwar ist

der Verurteilte seit 1986 immer wieder einschlägig strafrechtlich in Erscheinung getreten, wobei er sich jedoch mit der vorliegenden Freiheitsstrafe erstmalig im Strafvollzug befindet. Im Rahmen des nunmehr seit 1992 andauernden Strafvollzuges ist der Verurteilte zunächst negativ in Erscheinung getreten. So kehrte er im Juli 1992 von einem Regelurlaub nicht in die Justizvollzugsanstalt zurück. Im Oktober 1992 flüchtete er anlässlich einer Ausführung zur Klinik und beging in der Folge erneut Straftaten. Im November 1992 konnte er wieder festgenommen werden. Die Bedenken, die sich aus dieser Vorgeschichte und aus dem Vorleben des Verurteilten gegen eine bedingte Entlassung ergeben, können indes zurückgestellt werden. Seit der Festnahme im November 1992 hat sich das Verhalten des Verurteilten grundsätzlich gewandelt. Zunächst ging er seine Alkoholproblematik im Rahmen der vollzugseigenen Gruppe der Anonymen Alkoholiker an. Im beruflichen Bereich hat der Verurteilte, der bis zu seiner Inhaftierung über keine abgeschlossene Berufsausbildung verfügte, im Vollzug eine Lehre als Schreiner abgeschlossen und sich bereits im Hinblick auf einen beabsichtigten späteren Besuch der Meisterschule fortgebildet. Seit September 1995 befindet er sich in Freiburg und arbeitet in einer Schreinerei, wo ihm die Arbeit viel Freude macht und ihm eine Weiterbeschäftigung nach der Entlassung zugesagt wurde. Im Rahmen des Freiganges ist es zu keinerlei Beanstandungen gekommen. Schließlich ist der Verurteilte in Einzelgesprächen bei der Psychosozialen Beratungsstelle in Freiburg seine persönlichen und psychischen Probleme angegangen und hat sich mit seinem Vorleben auseinandergesetzt. Der Schlussbericht dieser Einrichtung attestiert einen geglückten Therapieverlauf und gute Zukunftsaussichten. Die erfolgreichen Bemühungen des Verurteilten im persönlichen wie im beruflichen Bereich erlauben es, diesem trotz seines Vorlebens eine positive Sozialprognose zu stellen. Hierzu kommt, dass die Entlassungssituation sich günstig gestaltet. Der Verurteilte hat eine feste Arbeitsstelle, die ihm sogar Perspektiven für eine weitere berufliche Qualifikation eröffnet. Er hat eine Wohnung, die er mit seiner Freundin teilt. Auch ist er nach seiner Aussage weitgehend schuldenfrei. Insgesamt kann mit zukünftiger Straflosigkeit des Verurteilten insbesondere dann gerechnet werden, wenn er weiterhin alkoholabstinent lebt und seine Arbeitsstelle beibehält."

Sven freute sich sehr über die positiven Aussichten, sein Leben in den Griff zu bekommen. Denn es war für ihn immer wichtig, was schwarz auf weiß auf einem Stück Papier stand. So war dieses Gute-Laune-Schreiben durchaus nach seinem Geschmack, und er hatte alle positive Energie, die man benötigte um etwas schaffen zu können, was man sich vorgenommen hat. Auch ich war damals von dem positiven Klang unserer Zukunft hingerissen und hatte die besten Hoffnungen. Zu der Zeit wusste ich noch nicht, dass ein Stück Papier eben nur ein Stück Papier ist. Auch wenn es einen offiziellen Stempel trägt und viele Aktenzeichen enthält. Selbst dieses Papier ist in erster Linie nur geduldig. Schon kam der Tag der Entlassung. Am 28. Juli 1996 war es soweit; als Sven das Gefängnis verließ, wurden ihm 130,66 DM von seinem erarbeiteten Restgeld ausbezahlt, und er wurde in unsere gemeinsame Wohnung *entlassen. Ohne Mitgabe einer Gebrauchsanweisung für mich, aber erstaunlich schnell gewöhnten wir uns daran zusammen in der Wohnung unser Leben zu führen. Da bat er mich auch das erste und einzige Mal persönlich um Geld. Zum Abschluss seiner Schreinerprüfung hatte er ein Gesellenstück anfertigen müssen. Das Material, welches er dafür verwendete, kostete 1.200 DM was die Gefängnisleitung vorgestreckt hatte. Da er nun entlassen wurde, hatte er die Gelegenheit, die Unkosten zu bezahlen und es dann mitzunehmen. Natürlich gab ich ihm hierfür das nötige Geld, und er holte sein Gesellenstück ab. Heute steht dieses immer noch bei mir zu Hause herum. Es ist eine Vitrine für schöne Ausstellungsstücke. Zu deren Erwerb wir dann leider doch nie Zeit oder auch Geld hatten. Ich hebe es auf für unser Kind. Vielleicht geht dieses in der Beziehung einen Schritt weiter als wir. Sven bekam vom Gericht einen Bewährungshelfer zugeteilt, bei dem er sich in regelmäßigen, vorher abgesprochenen Zeiträumen melden sollte. Einmal war ich mit in seinem Büro und lernte ihn kurz kennen, aber alles in allem bekam ich sehr wenig von ihm mit. Viel*

Einfluss seinerseits schien es nicht zu geben. Sven war auch der unproblematischste Mandant, den er hatte, denn er verhielt sich genau nach Vorschrift. Fuhr kein Auto, da ihm das in der Bewährungszeit verboten war, trank keinen Alkohol oder fiel auf alle Fälle nicht wegen Alkoholkonsum negativ auf, wohnte in der erlaubten Wohnung, behielt den Arbeitgeber bei. Wir wohnten zusammen, und Sven engagierte sich viel im Haushalt. Bügeln, waschen, kochen, abwaschen, Staub wischen, saugen... das alles stellte kein Problem für ihn da. Sven übernahm immer öfter kleinere Arbeiten außerhalb der Arbeitszeit für Kollegen, Verwandte und ehemalige Insassen, sodass er abends öfters länger wegblieb. Eines Tages konnte ich kein Telefongespräch mehr führen. Ich konnte nur noch von außen angerufen werden. Zunächst, da ich langsam ins Thema eingeführt wurde und noch keine Erfahrung mit derlei Dingen hatte, dachte ich, das Telefon hat jetzt endgültig den Geist aufgegeben. Zuerst mal leise, mal lauter klingeln und jetzt der Schritt weiter. Was nun endlich mal hieß, ein neues zu kaufen. Bevor es aber dazu kam, war ich einmal schneller am Briefkasten und holte die Post selbst heraus, dabei fand ich ein

Schreien von der Telekom mit der Mitteilung, dass man uns das Telefon komplett sperren würde, wenn die fällige Rechnung jetzt nach dem dritten Mal Mahnen nicht endlich bezahlt werden würde. Der geforderte Betrag überstieg 1.000 DM. Das war ein sehr großer Schreck für mich, und ich stellte Sven zur Rede. Zunächst wusste er aber nichts von der Sache, merkte dann jedoch, dass es da wohl keinen Ausweg mehr gab, und gestand, er habe in der Zeit, die ich in Genf war, viel telefoniert, hatte, da er so alleine gewesen sei. Hauptsächlich solche Nummern von solchen Frauen. Am Ende blieb mir nichts anderes übrig ,als das zu übernehmen,es hinzunehmen, zu hoffen, dass er jetzt, wo ich ja da war, das nicht mehr nötig hatte. So verging mir auch langsam die Lust am Verreisen. Natürlich wurde das Geld dadurch dennoch nicht mehr.

Es ist erstaunlich, unser erster Jahrestag war verstrichen, zu welchem mir Sven ein selbst geschreinertes Bücherregal aus Fichtenholz schenkte. Welches bis heute seinen Platz bei mir behalten hat. Wir waren im zweiten Jahr, und immer noch waren meine Augen zu für all das, was um mich herum passierte. Meine Illusion war perfekt, von kleinen

Zwischenfällen durchbrochen jedes Mal, wenn ich meinen Geldbeutel öffnete. Aber wie viel war da gestern, vor einer Stunde noch drin gewesen? Kann ich mir dessen wirklich sicher sein? Ich lernte so viel wie möglich für ihn mit zu übernehmen. Nahm die Geldangelegenheiten an mich. Zahlen der Rechnungen usw., erledigte die Post, auch seine, wie ich dachte, die halt bis zu mir durchkam, die andere erledigte das Müllauto. Vielleicht sogar ungeöffnet. Ich übernahm den Haushalt, arbeitete, sparte, was ich nur konnte. Versuchte abends das Essen auf dem Tisch zu haben, das Badewasser in der Wanne. Immer gesprächsbereit und im Augenblick, auf den es ankam, bereit Angebote zu unterbreiten, auf diese einzugehen, wenn sie von ihm kamen. Bloß keine Verweigerungshaltung einnehmen, das könnte ihn ärgern, frustrieren, könnte ihn auf den Gedanken bringen, nicht gut genug zu sein. Wäre eine zu große Belastung für sein Selbstwertgefühl. Von dem ich damals noch nicht wusste, dass er über solch eines gar nicht verfügte. Ich übernahm viel, entschuldigte noch mehr und war verständnisvoll. Er musste sich schließlich auch erst wieder an die Freiheit gewöhnen und dann zudem noch an die mit mir, ich war ja kein perfekter Mensch, da hatte er bestimmt ebenso einiges zu ertragen. Und dann auch noch eine schwere Kindheit. In der seine Mutter ihn immer gezwungen hatte kratzige Strumpfhosen zu tragen, was er bis heute nie vergaß. Dann bei einem gemeinsamen Spaziergang äußerte er ohne großes Aufhebens einen Satz: „Ich muss in Zukunft aufhören an Spielautomaten zu spielen." Das war alles, dann kamen wieder Alltäglichkeiten, und erst heute ist dieser Satz von Bedeutung für mich. Wir mussten zusammenhalten und auch die schwierigen Situationen zusammen überstehen. Dann würde es schon besser werden. Das sagte ich mir selbst immer wieder wie ein Mantra vor, um mir zu bestätigen, dass es auch gute Zeiten, gute Seiten bei uns gab. Dass wir was hatten, auf das wir aufbauen konnten. Als Schreiner verdient man halt nicht so viel, da mussten wir uns eben etwas einschränken, das würde dann wohl schon gehen. Und ich musste wirklich genauer mit dem Geld sein. Mir angewöhnen an der Kasse das Geld, das ich rausbekam, auch wirklich nachzuzählen, denn die können sich ja auch mal verzählen, oder genauer zu sein im Wissen, was noch in meinem Geldbeutel war, damit ich nicht immer dachte, es wäre das letzte Mal mehr Geld drin gewesen, als ich beim erneuten Öffnen dann vorfand. Ich musste einfach noch an mir arbeiten, und wir würden auch die neue Zeit der Freiheit gut auf die Reihe bekommen. So bemühte ich mich ein geregeltes Leben für uns inmitten der Gesellschaft zu schaffen. Mit Besuchen bei seinem Onkel, wo wir zu Kaffee und Kuchen eingeladen waren. Oder wenn wir seinen Bruder mit Frau und Tochter zum Eis essen trafen. Dann unternahm Sven alleine Ausflüge mit seinem Onkel, sie gingen sehr gerne Heidelbeeren pflücken. Wovon Sven zu Hause Marmelade kochte. Was ihn hellauf begeisterte. Freunde trafen wir zum Grillen. Das schien ihm viel Spaß zu machen, die Geselligkeit und die Unterhaltungen mit den anderen. Wir waren in dieser Zeit oft gemeinsam unterwegs, überall war er der Exot, der mit Erfahrung, der ausgefragt wurde, der damit angab, jetzt alles im Lot zu haben; jetzt würde alles rundlaufen und er bekäme sein Leben in den Griff. Mit dreißig war es endlich so weit. Es ging für ihn bergauf. Sein Bild nach außen war perfekt, ich hielt meinen Mund und war nicht immer bester Stimmung. So kam mir schnell die Rolle der unzufriedenen, nörgelnden Freundin zu. Die alles für ihn bestimmte, die es verbot, wenn er ausgehen wollte, oder es genehmigte. Der man am besten nicht alles sagte, wenn man seinen Spaß haben wollte. So vermittelte er es auch Freunden und Verwandten. Langsam wurde ich außerdem zu einer peniblen Haushälterin. Wusste immer ganz exakt, wo ich was hingelegt hatte, räumte gleich alles weg oder versteckte es irgendwo, wurde sehr sorgfältig mit den Dingen, für die ich eine Verantwortung übernommen hatte, und begann mit der Wahre korrekter zu werden, ich für mich. Für mich ging es dann erst mal wieder bergab. Als ich das nächste Mal zur Bank wollte, um Geld abzuheben ,war keines mehr drauf. Hatte ich wieder mal nicht richtig meine Ausgaben im Blick gehabt, schon zu viel ausgegeben? Am Schalter bestätigte man mir, dass zu einem gewissen Zeitpunkt am Schalter 1.500 DM abgehoben worden waren. Das wusste ich jetzt aber ganz sicher, das war ich nicht gewesen. In der Zeit, in der die Frau das an ihrem Bildschirm noch einmal für sich überprüfte, starb ich das erste Mal. Das vorher waren kleine Ungereimtheiten, Verwechslungen, Unaufmerksamkeiten meinerseits gewesen. Aber ich würde mich doch wohl daran erinnern können, hätte ich einen so großen Betrag vor ein paar Tagen erst abgehoben. Wie sollte ich da jetzt weiter machen? Ich wollte eigentlich nur sterben, hier jetzt sofort tod umfallen, auch körperlich, das konnte doch nicht wahr sein, das durfte nicht wahr sein. Alles, wofür ich meine Kraft eingesetzt hatte, war eine Lüge? Wie sollte das möglich gewesen sein? Ich ging nach Hause,wir hatten einen der Sache angemessenen Streit. Besser gesagt hatte ich einen Streit mit Sven des Geldes wegen weil ich annahm er habe es hinter meinem Rücken abgehoben. Ich sagte es ihm auf den Kopf zu und machte daraus ein großes Theater. Er blieb ganz ruhig, sagte so gut wie nichts; er hatte nichts getan, wusste nicht, wovon ich redete, fühlte sich zu Unrecht beschuldigt. Mit dem Exknacki kann man das ja machen, schieb nur immer die ganze Schuld auf mich. Er ist natürlich der Erste, auf den ich mit dem Finger zeige. Ich mache ja nie Fehler, aber bei ihm wird eben ganz anders gemessen...Schließlich kam es ein paar Tage später natürlich wieder zur Versöhnung.

Nachweisen konnte ich ihm ja nichts. Wort gegen Wort, und durfte das wirklich sein? Ich konnte das alles doch nicht wegen einer ungeklärten Sache, die nicht zu beweisen war, beenden. Nicht nach dem, was schon geschafft war. Nicht nach den vielen Augen, in denen ich so viele Vorurteile gelesen hatte, denen ich doch das Gegenteil beweisen wollte. Sie waren doch im Unrecht, ich würde den Beweis dafür erbringen. Und Verstecke suchen. Für Geld, die Karte. Einen kleinen abschließbaren Kasten kaufen und dort meine Sachen aufbewahren. Als wir uns wieder versöhnt hatten, bekam ich ein Buch geschenkt, welches ich schon lange hatte lesen wollen. Sven unterstütze seinen Onkel darin einen Platz für seine Großmutter in einem Pflegeheim zu bekommen, da sie auf die neunzig zuging und es zu Hause immer schwieriger für sie wurde. Wir gingen zu Ausstellungen und sahen bei Gerichtsverhandlungen zu, die frei für die Öffentlichkeit zugänglich waren. Das machte ihm großes Vergnügen, zu sehen, wie ein anderer beschuldigt und wie über diesem zu Gericht gesessen wurde. Viele Stunden gingen dabei ins Land. Auch wurde gewandert: im Schwarzwald, auf dem

Feldberg und genauso auf dem Schlossberg. Gelegentlich traf der schon bekannte Freund Sven mit Frau aus dem Gefängnis bei uns ein, und nach einiger Zeit kam ein zweiter dazu: Thomas. Er war der Nächste, der demnächst entlassen werden würde, bekam jetzt also schon mal Ausgang, den er dann gelegentlich mit uns verbrachte. Die Unterhaltungen mit ihm fand ich ganz interessant, da er eine beeindruckende Geschichte zu erzählen wusste. Mit etwas über zwanzig hatte er schon Frau und zwei Kinder, das dritte war unterwegs, aber das Geld war trotz Arbeit und der Tatsache, dass alle im Haus der Mutter mietfrei wohnten, knapp bemessen. So kam er eines Tages auf die Idee, eine Bank zu überfallen. Kaum hatte er es gedacht, hatte er auch schon eine Waffe, ging in die Bank um die Ecke und verlangte mit vorgehaltener Pistole Geld. Der Kassierer gab ihm dieses auch ohne Probleme, und Thomas konnte ungehindert die Filiale verlassen. Da er sich aber nicht mit Waffen auskannte, löste sich ein Schuss aus der Waffe, als er sich umdrehte und ging. Was ihn aber nicht aufhielt. Er entsorgte die Waffe, ging nach Hause, versteckte das Geld. Am nächsten Morgen las er in der Zeitung *vom Banküberfall um die Ecke. Das Einzige, was er darüber noch nicht gewusst hatte, war die Tatsache, dass dabei der Kassierer tödlich verletzt worden war. Es vergingen ein paar Tage, und seine Schuldgefühle nahmen stetig zu: er beschloss, damit nicht leben zu können, einen Menschen getötet zu haben, und sich selbst anzuzeigen. Aus diesem Grund ging er, um sich zum Gehen fertig zu machen, da erschien seine Mutter hinter ihm, sagte, dass sie wüsste, was er getan habe, und dass sie von ihm verlange, sich nicht selbst anzuzeigen. Er habe Verantwortung seiner Frau gegenüber, er habe bald drei Kinder, was sollen diese tun? So blieb er, gab das Geld aus, beerdigte seine Tochter, die mit acht Jahren auf dem Schulweg verunglückte, auch seine Mutter. Trank etwas zu viel, stritt etwas zu viel mit seiner Frau. Zwei Wochen bevor seine Tat verjährt gewesen wäre, ging er zur Polizei und stellte sich. Er wurde verhaftet, bekam seine Strafe. Seine Frau ließ sich scheiden. Sein Sohn stieg auf den Turm in Lörrach, begoss sich mit Benzin und sprang von ihm hinunter. Mit siebzehn Jahren. Die Zeit im Gefängnis nutzte er, diese seine Geschichte, wovon das nur die verkürzte Fassung war, aufzuschreiben.*

Sven gelangte langsam zu der Ansicht, die Wohnung würde zu klein für uns und wir sollten eine andere suchen. Aber suchen mussten wir gar nicht, denn er hatte schon eine Anzeige gelesen, die ihm zusagte, und sofort wurde angerufen, ein Termin vereinbart: wir gingen sie gleich besichtigen. Eigentlich waren wir zu spät, denn die Wohnung sei schon versprochen an jemand anderen. Die Vermieter wohnten oben in dem Haus, ein altes Ehepaar, und die Wohnung lag eine Treppe unten dran. Also eigentlich war es eine Wohnung mit Familienanschluss. Mit Mutter, ist noch besser gesagt. Sven ließ seinen überzeugenden Charme spielen, und es dauerte dreißig Minuten, da hatte er den Mietvertrag unterschrieben, und wir hatten eine neue, größere Wohnung. Zwei Zimmer diesmal. Sie war auf einem Berg, das war ein Punkt, der mir nicht gefiel. Wir hatten ja kein Auto, kein Fahrrad. Mussten alles da hoch tragen und dann natürlich auch noch unter Beobachtung. Eigentlich war ich froh bei meiner Mutter ausgezogen zu sein, jetzt sollte ich bei einer anderen wieder einziehen. Aber Sven war rundheraus begeistert. Gerade das mit dem Familienanschluss sagte ihm sehr zu. Von daher zogen wir um. Was *auch mit sich brachte, dass Sven jetzt immer sehr lange arbeitete. Er wollte uns eine neue, tolle riesige Küche schreinern. Mit Apothekerschrank, Drehregal für die Töpfe, ausziehbarem Mülleimer und was alles dazugehörte. Auch ein neuer Kleiderschrank musste her, natürlich ein begehbarer. Sowie ein Wohnzimmerregal übers Eck, in weiß, mit extra Tischchen für den Fernseher. So arbeitete er nach Feierabend weiter, oder wenn er zu Hause war, planten und zeichneten wir für die neuen Möbel. Ein Wochenende fuhren wir mit Onkel und Tante von Sven nach Stuttgart, was ich sehr genoss, da wir wieder einmal nur Zeit miteinander verbringen konnten, mal ohne Möbel. Mit meiner Mutter ging ich ein Sofa aussuchen. Das sie uns für die neue Wohnung schenken wollte. Wir fanden auch ein Ecksofa mit einem Sessel. Welches wir vorbestellten. Da Sven es sich noch anschauen sollte, ob es ihm auch zusagen würde.*

„Spielend ein anderer sein"

Push

Der Umzug, die Eingewöhnung, die neue Vermietermutter mit Kaffeeeinladungen am Wochenende und ihre Vorliebe für Michael, da er Schreiner ist und ihr viel im Haus hilft, auch ein Vordach aus Holz und Glas anfertigte. Die zahlreichen Unternehmungen mit Familie und Freunden nahmen ihren Lauf, und auch der nächste Bankbesuch stand vor der Tür. Ich stand am Schalter, mit wieder derselben Frage und mit einer schützenden Sicherheit in mir. Was passiert war, wusste ich ja bereits, konnte ich mir schon denken. Eigentlich war es klar mit der Bezeichnung „-8.000 DM". 8.000 DM vom Sparbuch abgebucht, ausgezahlt. Wovon ich nichts wusste. Eine Bestätigung brauchte ich aber trotzdem an diesem Tag von einem fremden Gesicht in sachlichem Ton. „ Ja. 8.000 DM." Dieser Tod war ein kleinerer, der Schmerz schon bekannt, schon vorgefühlt, trotzdem schien es wie ein Ende, das kein Ende nehmen wollte. Ich war in der Mittagspause auf der Bank gewesen, war am Nachmittag für den Schalterdienst eingeteilt. Dort rief mich Sven an, denn wir hatten eigentlich verabredet mit dem anderen Sven und dessen Frau fürs Wochenende ein Wohnmobil zu mieten und wegzufahren. Um das noch mal abzuklären, rief er mich an. Ich wollte ja auch das Geld dafür abholen. Am Schalter, vor den nächsten Kunden, sagte ich ihm, er könne es vergessen wegzufahren, denn er habe ja mein Geld gestohlen. Sodass ich nichts mehr für die Fahrt habe. Wie gehabt, gab es Fragen und Erklärungswünsche meinerseits an diesem Tag an Sven gerichtet und natürlich Vorwürfe. Abends, als wir beide zu Hause waren. Er ließ mich meine Wut ausleben, ließ mich reden, argumentieren, sagte: „ Ja, du hast recht." Letztendlich gab er mir recht, was den Grad meiner Aufregung, meine Empörung betraf. Aber zugeben tat er nichts, sagte so wenig wie möglich und hatte genau besehen nur Ausflüchte bereit. Eine Klarheit gab es nicht. Nur Irrtum, Versehen, Ungewiss was wirklich passiert ist. Ich erhielt wieder mal keine Antwort, und davon jede Menge. Hatte ich wirklich gedacht etwas verstecken zu können? In einer Wohnung, in der wir gemeinsam lebten? Kennen Sie ein sicheres Versteck in Ihrer Wohnung, das nicht zu knacken ist? Vielleicht denken Sie über eines zu verfügen. Vielleicht haben Sie auch was zu verstecken. Aber leben Sie mit jemandem zusammen, der um ein Versteck ahnt? Der es aufspüren muss. Der es erschnüffeln kann. Da können Sie Schränke von der Wand rücken. Bretter herausnehmen. Handtuchhalter von hinten an Kommoden kleben und daran das zu Versteckende aufhängen. Es wird gefunden, gnadenlos, alles wird gefunden und verschwindet. Es reicht schon lang der normale Geldbeutel nicht mehr, der sowieso generell immer auf Ebbe ist, wenn ich ihn öffnen will. Ganz egal was ich hineintue. Der Geldbeutel frisst es auf, und das Geld ist verschwunden. Die Miete zahle ich in der Zwischenzeit alleine, das Telefon kann ich von innen wieder nicht betätigen, es geht nur von außerhalb reinzurufen, und obwohl ich dieses Mal weiß, woran es liegt, und keine Bestätigung von der Telekom nötig habe, brauche ich mich um dieses Problem nicht mehr zu kümmern. Erstens erhalte ich die Post gar nicht, wird wahrscheinlich abgefangen, zweitens habe ich das Geld nicht mehr, um eine höhere Telefonrechnung zu bezahlen. So warte ich ab, bis das Telefon dann gesperrt ist und nicht mehr telefoniert werden kann. Sven zeigt sich überaus erstaunt über diese Tatsache, dass wir keinen Apparat mehr haben. Ist total verwundert darüber. Da er immer davon ausgeht, ich behebe den Schaden schon und kümmere mich trotz allem doch darum. Auch wenn mich Nachrichten gar nicht erreichen. Stille im Apparat, die sich auch auf unsere Beziehung auswirkt, was wiederum auf Svens Verhalten zurückschlägt. Er möchte geklärt haben, was mit dem fehlenden Geld passiert ist, er lässt sich da ja nicht einfach wegen Vorkommnissen beschuldigen, die gar nicht stattgefunden haben. Deshalb verabreden wir uns für den nächsten Tag: in meiner Mittagspause sind wir am Bertholdsbrunnen verabredet und wollen gemeinsam zu der Bank gehen und nachfragen. Trotz allem habe ich doch wieder so etwas wie Hoffnung, dass es eine Erklärung geben wird. Ich bin pünktlich und warte lange. So lange, dass es mir dann nicht mehr reicht für ein Mittagessen. Aber wer nicht kommt, ist er. Er kommt jetzt erst nachts um 2.00 Uhr nach Hause, anrufen kann er ja nicht mehr, so braucht er auch keine Entschuldigungen mehr. Von einer Verabredung will er nichts gewusst haben. In einer Nacht gesteht er mir Nachts eine Dummheit, wie er es nennt, gemacht zu haben. Die folgendermaßen aussah. Er habe einen Bekannten getroffen, mit dem er etwas trinken gegangen sei. Sven habe nur einen Kaffee gehabt, der andere ein Bier. Tja, letztendlich sah seine Wahrheit so aus, dass der andere ihm etwas von dem Bier in seinen Kaffee gekippt habe ,als er nicht hinsah, und Sven habe das erst bemerkt, als seine Tasse halb leer war. Seit seiner Entlassung war er regelmäßig zu den Anonymen Alkoholikern gegangen, was sich mit dieser Nacht schlagartig änderte. Seid da ging er nicht mehr. Aber betrunken, angeheitert oder beschwipst sah ich ihn lange nicht mehr. Noch so ein Geständnis hörte ich danach nie wieder. Für mich war das erst mal ein Schreck mit dem Gefühl verbunden, ich müsste das jetzt wieder auffangen, wieder zusammensetzen, ihn aufbauen, wenn er gestürzt ist. Aber nach einigen Tagen hatte ich das Gefühl, es sei überstanden. Jedoch hatte ich durch all die Komplikationen ganz unser neues Sofa vergessen. Welches ich gemeinsam mit meiner Mutter ausgesucht hatte, welches auf Svens Zustimmung gestoßen war, was Sven bestellt hatte, wofür uns meine Mutter das Geld überlassen hatte, um es zu bezahlen. Sven hatte angeboten hinzufahren und das zu übernehmen, auch nachzufragen, wann es geliefert werden sollte. Aber bis zu mir kam diese Information nie durch, und schon länger habe ich daran nicht mehr gedacht. Bis mich meine Mutter einmal fragte, was mit dem Sofa sei. Da viel mir sein Fehlen auf, und die lange Zeit, welche seither vergangen war, und ich fuhr hin, um mich zu erkundigen. Nahm den Bestellschein mit sowie ein DIN-A-4 Blatt mit einem Kassenzettel dran, auf dem der bezahlte Betrag stand. So wie ich annahm. In dem Möbelladen wurde ich jedoch eines Besseren belehrt, nie ist eine Zahlung eingegangen, von daher wurde auch kein Sofa geliefert. Der Zettel, den ich hatte, mit dem müsste man zur Kasse gehen, es dort bezahlen, und dann kommt noch einer dran, der markiert ,dass es auch bezahlt ist. Ich hatte Sven das Geld für das Sofa in die Hand gedrückt, dass er es bezahlt, wenn er die Waschmaschine, die schon bezahlt war, von dort abholen geht. Die Maschine war da, das Geld nicht, das Sofa auch nicht. Als ich mit ihm sprach, konnte er sich ganz genau daran erinnern, das Sofa bezahlt zu haben. Die blöden Leute in dem Laden haben ihn wahrscheinlich übers Ohr gehauen und den weiteren Zettel nicht drangetan und würden jetzt solche Sachen behaupten. Mit einem Ex kann man das ja machen... Trotz aller Argumente war jetzt also kein Sofa vorhanden und kein Telefon. Was ihn bei Weitem mehr störte. Sodas er ging, und das Telefon, welches bisher auf meinen Namen gelaufen war, auf sich anmeldete. Nachdem wir wieder telefonieren konnten, bekam ich einen Blumenstrauß.

Dafür begann ich mich müde, matt und schlaff zu fühlen. Das Leben wurde mir zu viel und vor allem zu traurig. Immer wieder geschahen Dinge, wofür es keine Erklärung gab, und auch, dass erneut Geld von meinem Konto fehlte, wagte ich mir kaum einzugestehen. Ich hatte extra keine Karte mehr, mit der am Automaten abgehoben werden kann. Ich selbst musste auch immer am Schalter abheben. Hatte die Karte immer bei mir versteckt und wusste damals noch nicht, wie man das fertigbringen soll. Sven vermittelte mir den Eindruck absoluter Unschuld gepaart mit Unwissenheit. Von ihm kamen Signale, die mir vermitteln sollten, ich wüsste eben selbst nicht mehr, was ich tue und was ich abhebe. Von Svens Onkel erhielt ich einen besorgten Anruf . Die Familie wollte sich erkundigen. Seit einer Woche war von Sven nichts mehr zu hören gewesen, auch kein Anruf. Hat Sven sich vielleicht vor den Zug gelegt? Auf der Strecke zwischen Freiburg und Titisee wäre das im letzten Monat achtundzwanzig Mal vorgekommen. Oder ob wir uns getrennt haben? Ich habe ihn beruhigt, nein, alles noch in Ordnung, alles beim Alten. So erhielten wir eine Einladung zur Geburtstagsfeier bei Svens Bruder, zu der wir auch erschienen. Mein Gemütszustand allerdings war auf einem Tiefpunkt. Es kam mir so vor, als ob ich überstehen könnte, was ich wollte, und danach würde es immer noch schlimmer. Kein Land war in Sicht, keine Hoffnung auf ein rettendes Ufer, grenzenlose Weite auf Svens Meer. Von Sturmwellen getrieben. Langsam, dachte ich, geht mir die Puste aus. Zu der Zeit dachte ich viel darüber nach, mich umzubringen, damit das alles ein Ende nehme. Bei Leuten, die nicht sagen können, was sie meinen, kommt es immer zu Selbstmorden. Dabei war das erst das zweite Jahr vom Rest meines Lebens. Vom Rest ‚wie mein Leben in Zukunft immer sein würde. Ein kleiner Vorgeschmack, und schon wollte ich eigentlich aufgeben. Dabei waren wir erst vor Kurzem losgekommen vom Ufer und hatten uns noch nicht freigeschwommen. Wir waren noch nicht weit, weit draußen von allem menschlichen Erleben. Wir hatten nur Sturm, an den ich mich erst mal gewöhnen musste, bis ich lernte nicht bei jeder das Boot erfassenden Welle das Gleichgewicht zu verlieren und über Bord zu gehen. Heute sieht mir keiner mehr den Wellengang in meinem Leben an, obwohl dieser nicht nachgelassen hat. Ich laufe in meinem Boot immer geradeaus, ohne ins Schwanken zu kommen. Manchmal muss ich mich kurz festhalten, wenn es besonders stürmisch wird. Aber das hält mich nicht mehr auf. Mein Nicht-mehr-leben Wollen hat sich gewandelt in ein unbedingtes Überleben-Wollen. Heute kämpfe ich dafür zu überleben, ihn zu überleben, eines Tages an seinem Grab zu stehen, vielleicht dann mit etwas weniger Wellengang. Aber plötzlich wurde alles still, ruhig. Wir gingen wieder ins Kino und zum Essen. Was Sven sehr genoss und gerne lange ausdehnte. Wir besuchten seinen jüngeren Bruder, halfen beim Umzug, beim Einrichten, ich sogar beim Bügeln. Sven schreinerte ihm einen neuen Kleiderschrank, den wir bei ihm aufbauten. Wir besuchten eine

Hochzeitsausstellung, bei der wir eine Karte ausfüllten, auf der man ein Brautkleid gewinnen konnte. Sven sagte, wenn wir jetzt gewinnen, müssen wir heiraten. Wir besuchten Svens Großmutter. Im ganzen verbrachten wir wieder mal eine Zeit des ungestörten Familienlebens. Wen wundert es da, dass ich anfing unter Angstzuständen zu leiden. Es war ruhig, zu ruhig, ich wurde ängstlich, meine Hände begannen in den seltsamsten Situationen zu zittern, feucht zu werden. Es gab keinen Schlag, der mich noch etwas mehr in die Tiefe zwang. Täglich rechnete ich mit einer Nachricht, Begebenheit, welche die Stille beendete. Jeder Gang zum Briefkasten kostet mich nun Unendliches an Mut, den ich jeden Tag wieder erneut aufbringen muss. Manchmal bin ich sogar froh, dass wir kein Telefon mehr haben, da bleiben wenigstens schlimme Anrufe weg. Dann wurde auch Thomas entlassen, und nachdem er eine Wohnung gefunden, hatte halfen wir auch ihm beim dortigen Einzug. Dann blieb Sven das erste Mal über Nacht weg. Als ich zur Arbeit ging, war er noch nicht wieder aufgetaucht. Dort bekam ich von Sven, dem Freund, einen Anruf. Sven wäre nicht bei der Arbeit *gewesen, schon den zweiten Tag nicht, unentschuldigt. Wo er sei, ob ich das wisse. Ich fragte etwas da und dort, aber keiner hatte ihn gesehen. Der Schreck währte jedoch nicht lange, denn als ich nach Hause kam, war er dort auf dem Sofa. Er wollte keine Standpauke hören, er hatte getrunken, sagte er, und mit dem Problem müsse er sich jetzt erst einmal befassen. Über sein vergangenes Verbleiben wollte er nicht reden. Dafür reisten wir überstürzt nach Reutlingen zu seiner Schwester. Die in einer Dreizimmerwohnung mit ihrem Mann und den drei Kindern lebte. Dort blieben wir übers Wochenende. Die Wohnung war nicht geputzt. Vieles lag herum. Ich räumte mit den Kindern ihre Zimmer auf. In der Küche war nur noch eine halbe Packung Nudeln zu finden. Sven ging mit seiner Schwester Svenja einkaufen. Obwohl sie keine Zwillinge waren, hatte ihre Mutter bei den beiden wohl einen Geistesblitz bei der Namensvergabe gehabt. Denn kaum zuvor habe ich zwei Geschwister kennengelernt, welche sich ähnlicher waren. Nicht das einzige Anzeichen dafür waren die vielen Bierflaschen, die in ihrer Wohnung zu finden waren sondern auch die unzähligen* nächtlichen Anrufe bei uns, als ihr Mann sie dann verlassen hatte, betrunken und voller Drohungen. Von der „Ich schmeiße jetzt die Kinder aus dem Fenster, und dann springe ich hinterher" die schlimmste war. Sven machte das ganze Wochenende über seiner Schwester Vorhaltungen, wie sie den Haushalt besser führen könnte. Das sie mehr Wäsche waschen solle. Sie müsse doch Lebensmittel für die Kinder dahaben. Dass ging doch nicht so. Er zeigte ihr die ganze Zeit über, dass ihr Leben nicht organisiert war, das sie es besser machen muss. Er ließ kein gutes Haar an ihr, und er fühlte sich wunderbar. Mit jedem seiner Worte, jeder bei ihr aufgedeckten Schwächen, hob er sich höher in die Luft. Bis er weit, weit über uns thronte als der, der immerhin nicht so schlimm war wie sie. Ließ er seine Kinder ohne Essen? Hatte er einen solchen Saustall in seiner Wohnung? Hatte er keine Arbeit? Hatte er nicht mich? Sie nur einen Mann, der sie betrog? So aufgewertet ging er dann wieder zur Arbeit. Dann feierte ich meinen vierundzwanzigsten Geburtstag, von dem ich nicht mehr viel weiß. Bis auf die Tatsache, dass ich wie jedes Jahr von meiner Großmutter einen Umschlag zu diesem

Anlass bekam in dem in der Regel 150,- DM waren. Den Umschlag bekam ich schon vorher bei einem Besuch bei ihr. Zu Hause legte ich ihn auf unser Wohnzimmersideboard, wo meine Geburtstagsgeschenke aufgebaut wurden. Dann wollte ich ihn ein paar Tage später dem Anlass angemessen öffnen. Der Tag meines Geburtstages kam, und Sven überraschte mich mit der Nachricht, er habe ein Geschenk auf den Schrank zu dem Umschlag gelegt und dabei sei der Umschlag meiner Großmutter hinter den Schrank gefallen. Wenn ich ausgepackt habe, rückt er ihn vor, und dann kann ich den Umschlag holen. Also, am Ende hatten wir keine Zeit mehr an diesem Tag, uns um den Umschlag zu kümmern. Am nächsten Tag musste er ja arbeiten, kam spät nach Hause, da war`s vergessen. Ich versuchte selbst den Schrank zu verrücken, der war jedoch schwerer als gedacht, und ich bekam ihn nicht vom Fleck. Es verging Woche um Woche, und meine freundlichen Erinnerungen fruchteten nicht. Dafür nahm meine Gewissheit stetig zu, dass der Umschlag nicht mehr da war. Eines Abends hatte ich genug. Ich baute mich vor Sven auf und verlangte, dass jetzt sofort und auf der Stelle der Schrank verrückt wurde. Unter großem Gemurre ließ er sich schließlich dazu herab, an dem Schrank zu rücken. Dieser war jedoch wirklich schwer von der Stelle zu bekommen. Sodas er, nachdem eine kleine Lücke zwischen Wand und Schrank entstanden war, sein Metermaß aus der Tasche zog und damit versuchte nach dem Umschlag zu angeln. Schließlich erwischte er diesen auch und zog ihn heraus. Was er mir dann überreichte, war tatsächlich der Umschlag meiner Großmutter. Jedoch war er mal zugeklebt gewesen. Jetzt war er an seiner oberen Kante aufgeschlitzt. So als hätte man ihn mit einem Messer geöffnet. Jedoch nicht ganz exakt. Zuerst war die Kante aufgeschlitzt, weiter hinten dann ging der Riss auch über und durch die Aufschrift, die meine Großmutter auf die Vorderseite geschrieben hatte. Der Riss muss beim Herausholen des Umschlages mit dem Metermaß dort hingekommen sein. Vermutete Sven. Ich vermutete und lag damit richtig, dass der Umschlag kein Geld mehr enthielt. Die Karte mit den Geburtstagswünschen war noch drin. Aber beweise mal, dass da Geld drin gewesen ist. Meine Großmutter fragen konnte ich damals noch nicht. Damit zugeben, dass es jetzt fort ist? Auf jeden Fall war dies der einzige Geburtstag bis zum Tod meiner Großmutter, an dem sich kein Geld im Umschlag befand. Dann bekamen wir einen neuen Untermieter. Sven brachte ihn eines Abends nach der Arbeit mit und hängte ihn im Flur an die Wand. Es handelte sich um einen Spielautomaten, der eine Weile lang benutzt wurde. Dann aber immer mehr seinen Reiz verlor und schließlich nur noch zum Drum-herum-Laufen da war.

„Alles Verdrängen, das ist das Große Ziel eines Spielers.

Joker

Kurz gefasst sieht es jetzt so aus: Ich bin nun im fünften Monat schwanger. Meine Eltern wissen Bescheid und haben dementsprechend reagiert. Ich habe einen Beweis, dass Sven das Geld genommen hat. Es ist wieder passiert, aber diesmal in Form einer Überweisung, und da hat er meinen Namen gefälscht. Er hat es zugegeben. Ein paar Tage danach ist er ausgegangen, erst morgens um vier wiedergekommen. Er hatte getrunken, geheult, gesagt, dass er ein schlechter Mensch sei. Er geht wieder drei Monate in die Gruppe. Dann brauchen wir natürlich eine größere Wohnung, ein eigenes Zimmer fürs Kind. Wieder sehen wir uns eine Wohnung an, und die ist es sofort. Das ausschlaggebende Kriterium ist dabei natürlich, dass sie in Umkirch liegt. Eigentlich fast Tür an Tür mit Svens Arbeitsstelle. Da kann er sogar in der Mittagspause nach Hause kommen zum Essen. Wir ziehen um, unsere alten Vermieter kaufen uns die Küche und den Einbauschrank ab, welche von Sven bekanntermaßen selbst gemacht worden sind. Die Vormieter geben uns Geld, damit wir die Wohnung nach ihnen selbst renovieren. Von dem Geld geben wir etwas auf ein separates Sparbuch, das wir schon für das Kind angelegt haben, um einen Wickeltisch zu kaufen. Den Umzug und die Renovierungsarbeiten machen wir alleine, und trotzdem reicht das Geld vorne und hinten nicht. Ich bin oft zum Essen bei meinen Eltern, wo immer was zum Mitnehmen übrig bleibt. Dann ist eines Abends, als ich nach Hause komme, das Bett weg. Ich betrete die Wohnung, ziehe meine

Jacke und meine Schuhe aus, lege meine Tasche ab und sage Hallo zu Sven, der fernsehschauend auf der Couch liegt, die wir nach der Pleite mit unserem Sofa von seiner Großmutter geerbt haben. Was man sehen kann. Gehe ins Schlafzimmer und stehe vor einem leeren Zimmer. Wo zuvor noch ein Bett stand ist jetzt Teppichboden. Ich denke, dafür muss es einen Grund geben, eine Erklärung. Etwas ganz Einfaches. Vielleicht ist es kaputtgegangen, und Sven hat es, da er Schreiner ist, mitgenommen, um es zu reparieren. Gehe staunend ins Wohnzimmer, um nachzufragen. „Das Bett? Was soll damit sein? Das ist da, wo es immer ist." Aber selbst nachdem ich meine Augen extraweit geöffnet habe, kann ich kein Bett sehen. So suche ich alle Decken zusammen, die ich finden kann, und lege diese auf den Platz des ehemaligen Bettes. Dann mache ich mich bettgehbereit. Als ich mich hinlegen will, kommt Sven und sagt ,ich könne auf dem Sofa schlafen. Was ich ablehne mit der Begründung: „Warum soll ich mich auf einen unbequemes Sofa legen, wenn ich in einem Bett schlafen kann?" und ich begebe mich zur Ruhe. Mein Bauch war damals schon sehr weit vorgeschritten, da ich insgesamt fünfundzwanzig Kilo in der Schwangerschaft zunahm. Das Schlafen auf dem Boden war nicht so dramatisch, aber das Aufstehen danach umso schlimmer. Kurz vor der Entbindung kam meine Mutter dahinter, wie wir schliefen, und kaufte uns ein neues Bett. Da wir damals nicht das Geld hatten dafür. Bis heute ist die Bettgeschichte ungeklärt, nur eines war seit diesem Zeitpunkt eine feststehende Sache. Es gab nur noch sehr wenige Nächte, die Sven in unserem Bett verbrachte. Er schlief immer auf dem Sofa, auch als wir wieder ein Bett hatten. Seine Ausrede, mal darauf angesprochen, war immer, er sei beim Fernsehen darauf eingeschlafen. Oder er kam gar nicht erst nach Hause und verbrachte die Nächte anderorts. Was sein Verhältnis zum Sex mir gegenüber nicht änderte. Kaum waren wir umgezogen, kam Sven zum Mittagessen nach Hause. Zweimal kochte ich eines. Dann wurde Sven fristlos gekündigt. Mir gegenüber äußerte er sich nicht dazu, aber von unserer früheren Vermieterin vom Berg erfuhr ich, dass es bei ihr eine Hausdurchsuchung gegeben hatte nach unserem Auszug und in ihrem Garten vergrabene Schlüssel gefunden worden sind.

Diese sollten angeblich zum Tresor der Schreinerei, in der Sven arbeitete, passen. Aus diesem Tresor wurden 15.000 DM gestohlen. Die Schlüssel dazu lagen in unserem ehemaligen Garten. Außerdem sind auch Kunden der Schreinerei bestohlen worden. Was genau aus der Sache weiter wurde, war für mich nicht feststellbar. Dafür bemerkte ich, dass wir nicht mehr telefonieren konnten. Auch die Anmeldung von Sven bei der Telekom wurde gesperrt. Meinen fehlenden Rechnungsbetrag hatten wir immer noch nicht zurückbezahlt. So schaffte sich Sven ein Handy an. War sowieso praktischer, jetzt mit Kind. Wo es jederzeit losgehen konnte. Da war es möglich, von überall her den Arzt zu rufen. Wegen seiner Probleme mit dem Rücken ist Sven dann eine Kur verschrieben worden, wo er alleine hinfährt und auf der viele sich in Rente befindende Damen sind, mit denen Sven umzugehen versteht. Nach der Kur bekommen wir sogar Besuch von ihnen. Da ich mir nicht merken kann, wer wer ist und sie auch nicht auseinanderzuhalten vermag, benenne ich sie nach meinem ersten Eindruck von ihnen. Die „Weihnachtsbäume". Denn überall, wenn *man sie anschaut, funkelt Gold. Natürlich an den üblichen Stellen wie Ohren, Händen, Armen, Hals. Aber das geht sogar so weit, dass auch der getragene Pullover von Goldfäden durchwirkt ist. Die Schminke ist zwar nicht aus Gold, aber nicht weniger funkelnd. Wenn sie sich telefonisch bei mir melden, richte ich Sven immer aus: „Deine Weihnachtsbäume haben angerufen." Dass er zu ihnen den Kontakt pflegt, ist für mich nicht verwunderlich. Wer weiß, wie viel sie für seine Zuwendung bezahlen. Meine Großmutter kaufte unserem Baby das Bett, Svens Schwester steuerte die Kinderkleider bei, die sie von drei Jungs übrig hatte. Das Geld vom Wickeltisch war plötzlich auf zauberhafte Weise verschwunden. Zwei Wochen vor der Geburt stand Sven dann mit einem Wickeltisch von IKEA im zukünftigen Kinderzimmer und baute ihn auf. Einen Kinderwagen bekamen wir von Svens Freund, dem anderen Sven, und dessen Frau. „Die Weihnachtsbäume" kaufen einen wirklich schicken Strampelanzug, mit dazu passendem Hemd. Ich danke, und Sven verlässt mit ihnen die Wohnung. Auf den Gedanken, mich zu fragen, ob ich auch mal mit ausgehen will ,kommt er jetzt nicht mehr.*

Worüber ich eigentlich ganz froh bin. Ich sehe es gerne, wenn er die Tür hinter sich zumacht und erst mal wieder nicht erscheint, da stelle ich auch keine großen Fragen mehr, wo er gewesen ist. Aber dann kommt es so weit, dass seinem Onkel auffällt, man sieht mich nicht mehr ich zusammen mit Sven und er ruft mich an, um ein gemeinsames Treffen zu arrangieren. Er will unbedingt ,dass ich mit nach Titisee komme, dass wir dann zum Berghäusle hinaufwandern. Was ein wirklich steiler Aufstieg ist. An seiner Art, wie er mich ins Berghäusle zu bekommen versucht, weiß ich sofort, dass da oben was schiefläuft. Ich kann mir auch denken, was. Aber um ehrlich zu sein, ist es mir total schnuppe. So sage ich diesen Ausflug ab. Doch er lässt nicht locker, will mich unbedingt mitnehmen. Dann kommt er uns besuchen, Sven ist auch da. Zu ihm sagt er. " Komm, sag ihr doch mal, dass sie mit uns gehen soll." Darauf erwidert Sven: "Schau sie doch mal an. So kommt sie doch niemals den Berg hoch." In der Sekunde, in der er seinen Mund schließt, öffne ich den meinen und sage:"Okay, gehen wir Samstag hoch. Ich bin dabei." Sofort sehe ich, dass es Sven nicht recht ist, und eigentlich könnte ich mir den Weg sparen, denn ich weiß jetzt schon alles und bin froh darüber, dass eine andere das auszubaden hat, was ich sonst aushalten müsste. Geteiltes Leid. Aber wir gehen,wie verabredet, hoch, und natürlich schaffe ich den Weg einwandfrei ,und als ich hinter Helmut, der von der Wirtin mit einem Freudenschrei begrüßt wird, um die Ecke komme, den Garten, betrete fällt ihr ganzes Gesicht, das so freundlich gewesen war, in sich zusammen. Da mein Zustand nun wirklich nicht mehr zu leugnen ist. Wir setzen uns, essen was und sitzen noch länger dort oben. Die Wirtin setzt sich zu uns und wagt es nicht, mich anzuschauen. Einmal versuche ich sie anzusprechen und ihr zu signalisieren, dass es okay ist, es mir nichts ausmacht. Dass sie sich keine Vorwürfe deshalb zu machen braucht, ich nicht sauer bin. Aber bevor ich sie nach der Ansprache beruhigen kann, steht sie auf und stürmt davon. Schlechtes Gewissen. Helmut macht das großen Spaß, er hat mir gezeigt, was zu sagen gewesen war. Und ich hatte jetzt die Entscheidung darüber zu treffen. Was ich aber nicht tat. Ich verlor kein Wort über den Mittag. Aber seit diesem Tag waren die Ausflüge von Sven ins Berghäuschen Geschichte. Es war dort oben sowieso nicht sauber genug. Da traute man sich ja kaum was zu essen. Zwischen Helmut und mir wurde das eine gerne erzählte Begebenheit mit lustigen Komponenten. Da unser gemeinsames Zusammenleben immer komplizierter, rätselhafter wurde und kaum noch zu ertragen war machte ich mir Gedanken darüber, unser Kind zur Adoption freizugeben. Ich sah ganz deutlich, dass unsere Umstände nicht gut waren. Dass ich darin kein Kind groß ziehen konnte, so wie es war. Aber ich dachte nicht daran, Sven zu verlassen: ich machte mich auf den Weg zu Pro Familia um mich über das Vorgehen bei einer Adoption zu erkundigen. Unser Kind war in meinem Bauch die meiste Zeit still. Viel merkte ich nicht von seinen Bewegungen. Aber an dem Tag, als ich heulend auf der Straße zu Pro Familia entlanglief, trat das Ungeborene erbarmungslos gegen meinen Bauch. Und da ich es so deutlich spüren konnte, brachte ich es an diesem Tag nicht über mich, diesen Weg zu Ende zu gehen. Es war der einzige Tag in meiner Schwangerschaft, an dem das Kind so lebhaft war. So ging ich wieder nach Hause und bekam acht Tage nach dem errechneten Geburtstermin unseren gemeinsamen Sohn. Am Morgen war ich noch ins Josefskrankenhaus geschickt worden, wegen der Kontrolle, weil er über der Zeit war. Meine Hebamme empfahl mir homöophathische Kügelchen, die die Wehentätigkeit unterstützen sollten. Diese nahm ich stündlich. Meine Untersuchung war um 16.30 Uhr. Um 17.30 Uhr stieg ich an der Paduaallee aus, um in den Bus nach Umkirch zu wechseln. An der Haltestelle bemerkte ich, dass ich nasse Hosen hatte, ging zur Telefonzelle, in der ein Mann noch telefonierte, und stellte mich wartend daneben. Er hörte aber gar nicht auf zu telefonieren, sodass ich schließlich die Tür öffnete und sagte, dass ich ein Kind bekäme und das Telefon brauche. Wo wir uns doch pracktischerweise ein Handy uns angeschafft hatten, damit wir gleich jemanden erreichen können, wenn es so weit war, hielt sich das Handy doch zu Hause auf. Bei Sven. Der Mann sagte: " Ja, ja" und telefonierte weiter. Ich machte noch mal die Türe auf und sagte: "Ich bekomme das Kind jetzt gleich." Jetzt legte er auf und lief hastig davon. Ich telefonierte, Sven kam mit dem Taxi und meiner Krankenhaustasche. In der Toilette an der Paduaallee zog ich mir trockene

Sachen an, mit der Straßenbahn fuhren wir dann ins Krankenhaus. Eigentlich hatte ich mir eine Geburt in der Badewanne vorgestellt, aber ich musste dann an den Wehentropf und später, als das nichts gebracht hatte, wurde der Kleine mit der Saugglocke geholt. Ich wollte nicht in der Klinik bleiben nach der Geburt. Sondern gleich nach Hause, wo dann eine Hebamme nach mir sah. Jetzt komm ich zu den weniger schönen Geschehnissen. Als der Kleine vier Wochen alt war, musste ich auf die Commerzbank, da ich einen Anruf unserer Krankenkasse erhalten hatte, dass unsere Beiträge nicht bezahlt worden wären. Da dies über Svens Konto lief und ich die Vollmacht darüber hatte, ging ich hin, um zu fragen, ob Überweisungen an die Krankenkasse durchgeführt worden waren. Als ich dort war, sagten sie mir, dass die Vollmacht gelöscht worden sei. Darüber brauche ich mich ja nicht zu wundern, da ich Svens Karte an mich genommen hätte, mit der er sein Konto sehr weit überzogen hatte. So erklärte mir die nette Dame der Bank diesen Umstand. Tja, wenn Sven das erzählt, wird es wohl so gewesen sein. Das Nächste war wieder eine Fälschung meiner

Unterschrift und fehlendes Geld vom Konto. Meine Krankenkasse bezahlte ich schließlich nach, sodass dies wenigstens geregelt war. Der Kleine schrie die ersten drei Monate hauptsächlich, und das Trinken an der Brust machte ihm Beschwerden. Die Hebamme sagte, wir sollen „sab simplex" aus der Apotheke besorgen. Ich war gerade aus der Klinik gekommen, und Sven war zu Hause. So bot er an vorzulaufen und es zu holen. Das war am Morgen. Nachts hörte ich ihn aufs Sofa huschen, und am nächsten Tag ging ich selbst. Er bekam dann Stelle in einer Schreinerei, aber nur kurze Zeit: er kündigte, als die Schreinerei keine Aufträge hatte und so keine Arbeit für ihn da war. In der Badischen Zeitung suchte die Schreinerei aber weiterhin Schreiner. So rief ich dort an, um mich zu erkundigen ,ob Sven tatsächlich gekündigt hatte. Die Auskunft, welche ich dort erhielt, lautete: Sie haben ihn entlassen. Ansonsten war alles, was sie mir noch sagen konnten, und zwar dreimal hintereinander, dass sie mich vor ihm nur warnen könnten. Daraufhin zog ich einen Monat zu meinen Eltern. Sven war der Vater des Kindes und schwor sich zu ändern. Dann nahm er einen Job in einer Zeitarbeitsfirma an. So kam ich *zurück. Als ich mit ihm über meine Entdeckung der Entlassung reden wollte, drohte er damit sich umzubringen. So ließ ich wieder mal Gras über alles wachsen. In meinem Fall wohl eher Unkraut. Aber trotz Besserungswünschen sein Verhalten betreffend und allen Versprechungen dieser Welt ging es weiter bergab. Nach drei Monaten allerdings schlief das Kind durch, da ich auf die Flasche umstieg, und von da an waren die Nächte wieder zum Schlafen da, und auch die Tage wurden erheblich leichter. Sven besuchte jeden Sonntag mit dem Kleinen seine Großmutter, die inzwischen einen Platz im Altersheim in Kirchzarten gefunden hatte. Da war unser Sohn immer das Highlight der Woche für alle Anwesenden. Ich lebte mich ein mit Babyprogrammen und nahm an Krabbelgruppen, Babysingen und nachmittäglichen Treffen der Mütter teil. Sven arbeitete weiter bei der Zeitarbeitsfirma, war manchmal einige Wochen auf Montage in sämtlichen Städten von Deutschlands. Worüber soll ich schreiben? Über zerbrochene Träume und meine so lang aufrechterhaltenen Illusionen? Verewigen, dass ich keinen Respekt mehr vor* mir selbst habe, da ich auch mir nicht treu bin? Mir ist nichts mehr geblieben. Sven hat erneut meine Unterschrift gefälscht und so Geld von meinem Konto auf das seine überwiesen. Ich gehe wieder drei Stunden am Tag arbeiten. Der Junge, welchen wir Bennet taufen würden, ist in der Zeit bei meinen Eltern. Sven hat eine normale Arbeit und geht nachts zusätzlich noch bei UPS arbeiten. Trotzdem haben wir nicht genügend Geld für Lebensmittel. Einmal bleibt nur noch eine Packung gefrorene Erbsen zum Essen. Danach gehe ich immer gleich einkaufen, wenn Geld gekommen ist, und setze alles in Lebensmittel um, die haltbar sind. Wenn ich schnell genug auf der Bank bin. Dann werden 2.000 DM von meinem Konto mit einer Karte abgehoben. Das erste Mal sage ich zu der Bankangestellten, das könne nicht sein und ich habe das Geld nicht abgehoben. Ich werde in einem separaten Raum gebracht, wo man mir anbietet, die Fotos der Überwachungskamera zu bestellen. Dann könne man sehen, wer das Geld genommen hat. Ich stimme dem zu. Am nächsten Tag kann ich auf den Bildern Sven sehen. Wunderbare Qualität, gar nicht voll Schnee oder unscharf oder dergleichen.

Womit ich eigentlich gerechnet hatte. Ganz deutlich ist er zu sehen, von vorne, wie er auf den Automaten sieht. Es gibt gar keine Sekunde des Zweifels, dass es sich um ihn handelt. Man sagt mir, dass die Bank regresspflichtig ist ,und wenn ich eine Anzeige mache, würde mir die Bank das Geld zurückerstatten. Die Bilder wollen sie mir nicht mitgeben, die werden noch gebraucht. Als ich die Bank verlasse, steht Sven davor. Der von mir erfahren hatte, dass heute dieser Termin ansteht. Im Brustton der Überzeugung und ganz Empörung in einer Person sagt er, das stimme nicht. Er habe nichts genommen, alles Lüge. In meinem Leben fühle ich mich langsam wie in einem Roman von Kafka. Ich erlebe ständig Dinge, und Sachen werden behauptet, die gar nicht stattgefunden haben. Bis zu diesem Zeitpunkt hat Sven es geschafft, mich total zu verwirren; ich frage mich langsam, ob ich mir nicht alles einbilde. Ob ich nicht aus mehreren Personen bestehe. Wo die eine Geld abhebt und die andere nichts davon weiß. Auch bekomme ich immer wieder gesagt, dass ich doch krank wäre und mal zu einem Psychiater gehen solle. Aber eines weiß ich, oder? Die Bilder habe ich gesehen und ihn darauf erkannt! Trotzdem gehe ich nach Hause und erstatte auch an den folgenden Tagen keine Anzeige, verzichte auf das Geld und behalte den Mann, den Vater meines Sohnes. Der Strom wird uns abgestellt, zum Glück haben wir Kerzen im Haus sowie freundliche Nachbarn, die mir in einer Thermoskanne heißes, abgekochtes Wasser füllen, damit unser Sohn seine Milch trinken kann. Dann höre ich nachmittags eine Mitbewohnerin des Hauses vor meiner Tür laut spreche; ich öffne, und sie steht mit ihrem Telefon in der Hand davor. Wollte zu mir. Hatte auch geklingelt, aber die Klingel schien defekt zu sein. Sven hatte im Rahmen der Renovierungsarbeiten auch eine neue Klingel eingebaut. Da ihm der Klingelton der alten Klingel nicht gefallen hat. Sie hatte auch mal funktioniert. Heute anscheinend nicht. Die Frau gibt mir ihr Telefon mit den Worten, dass uns da wohl jemand zu erreichen versucht und es jetzt bei ihr ausprobiert hat. Nach dem Gespräch überprüfe ich unsere Klingel und stelle fest, dass diese über einen An- und Aus-schalter verfügt. Aktuell war die Klingel ausgeschaltet gewesen. Sven, der Freund von Sven bezahlt den fälligen Betrag der

Stromrechnung sowie meine schon lang anstehende Telefonschuld, sodass wir noch einmal über ein Telefon verfügen. Auch er hat eine neue Sache gemacht, wofür er mit einer Strafe wie dem Führerscheinentzug rechnete. Er fragt, nach so einer großzügigen Geste, bei mir nach, ob ich nicht den Führerschein machen will. Ich will. So nimmt er mich auf einen Übungsplatz mit, um mir zu zeigen, wie man fährt. Einige Zeit denke ich wirklich daran, den Führerschein zu machen. Bis mir mein Fahrlehrer Sven bei einer unserer Übungsstunden die Hand auf mein Bein legt, sich ganz dicht zu mir beugt und fast flüsternd sagt: „Wenn du den Führerschein hast, kannst du dann gelegentlich für mich Fahrten übernehmen?" Für mich war das die letzte Fahrstunde, denn seither habe ich Bedenken, einen Führerschein zu machen, aus der Angst heraus, angerufen zu werden und irgendwas irgendwohin zu fahren, worüber ich lieber nicht nachdenke. Denn war da nicht der eine, ehemalige Mitgefangene von Sven gewesen, der, als er noch unschuldig war, einen Anruf erhielt, zu einem Treffpunkt zu kommen und jemanden abzuholen? Nur wusste er, als er die Zusage zu kommen machte, noch nichts davon, dass der, den er abholen sollte, gerade einen anderen umgebracht hatte und nun weg vom Tatort wollte. Was am Ende Beihilfe zu einem Mord hieß. Wir hatten eine Hausdurchsuchung, Svens Chef hatte wegen der 15.000 DM und dem Fehlen von Geld bei seinen Kunden eine Anzeige erstattet. Dann ließ auch die letzte Schreinerei wegen Diebstahl eine Anzeige folgen. Wo Sven ja entlassen worden ist. Aber gefunden haben sie bei uns nichts. Dachte jemand, Geld läge bei uns herum? Dann kommt auch noch der Gerichtsvollzieher. Eines Mittags klingelt es, ich bin allein mit dem Kind, mache die Tür auf und lasse ihn herein. Er läuft kurz durch, haben wir ein Auto? Wertgegenstände? Nein, nichts von Wert zu verpfänden. Es ist ein Rätsel, wo das ganze Geld bleibt. Für was geben wir so viel aus? Es wird ein kurzes Protokoll geschrieben, ich muss unterschreiben, dass nichts da, ist und Sven soll sich bei ihm melden. Ich lege das Schreiben in die Küche auf die Anrichte. Warte, bis er nach Hause kommt, und sage nichts. Er findet die Unterlagen selbst, kommt und fragt, was das ist. Ich sage: „Was, was meinst du?" „Na, war der Gerichtsvollzieher da?" Ich sage:

„Ich weiß von nichts", und langsam merke ich, dass dieses Spiel wirklich Spaß machen kann; er wird unsicher, sauer, dann wütend. „Da liegt doch ein Schreiben, verarschen kann ich mich selbst. Was soll das? Bekommt man in diesem Haus keine anständige Auskunft mehr?" Na, Frau auch nicht. Ist eigentlich ganz witzig, ihn so in der Luft hängen zu sehen. Trotzdem er ein Papier mit der Adresse des Gerichtsvollziehers in Händen hält, damit herumwuselt und sich aufregt, schaue ich ihn an und sage, ich wüsste nicht, was er meint, es sei mir total schleierhaft. Er meldet sich dann selbst dort und regelt dies wieder auf seine Art. War eigentlich nur was Unwichtiges. Dennoch gab es ein Abschlussschreiben des Rechtsanwaltes über die Zwangsvollstreckung.

Die erst kürzlich durchgeführte Zwangsvollstreckung hat nicht zum Ausgleich der geltend gemachten Forderungen geführt. Der mit der Zwangsvollstreckung beauftrage Gerichtsvollzieher hat uns eine Pfandlosigkeitsbescheinigung erteilt. „Damit liegen die Voraussetzungen vor, Sie zur

Abgabe der eidesstattlichen Versicherung laden zu lassen."

Die Firma Quelle hatte einen aktuellen Schuldenbetrag von 953,57 DM gegen Sven vorgelegt. Was er auch dafür gekauft haben mag, ich habe das Gekaufte nie gesehen. Am 12. August 1999 wird vom Landgericht Freiburg der Beschluss gefasst, Sven die restliche Freiheitsstrafe aus den vergangenen Urteilen zu erlassen. Nachdem die angeordnete Bewährungszeit abgelaufen ist und Gründe, die zu einem Widerruf der Strafaussetzung führen könnten, nicht gegeben sind sowie die Bewährung nach dem Bericht des Bewährungshelfers einen positiven Verlauf genommen hat. Da zu Svens Glück die anstehenden Vernehmungen der letzten Vorfälle noch nicht sehr weit fortgeschritten sind und da alles noch in der Schwebe ist. Aber verstehen kann auch ich nicht, warum er so glimpflich davonkommt, wieder mal. Im Laufe der Jahre hatte ich dann immer wieder die Wahnvorstellung, dass Svens leiblicher Vater bei der Polizei arbeitet und ihm irgendwie viele Steine dort aus dem Weg räumt oder Unterlagen verschwinden lässt; aus der Nachsicht der Polizei und diese rGroßzügigkeit seinen

Taten gegenüber war dieser Gedanke geboren worden und verfolgt mich immer mal wieder, wenn Dinge nicht nachzuvollziehen sind für mich. Zusätzlich verfügt Sven noch über seine Privatbank im hauseigenen Bett, die er nach Lust und Laune gebrauchen kann, und musste von daher nicht zu viel aushäusige Aktivitäten durchführen. Eines Morgens, ich wache mal wirklich zur Abwechslung neben Sven auf, der an diesem Morgen nach altem Alkohol riecht und dieses mal nicht auf der Couch geschlafen hat, vielleicht in seinem Zustand verfehlt, liege ich so neben ihm und kann es ganz plötzlich keine Sekunde mehr ertragen. So nehme ich meinen Sohn, seine Lieblingsspielsachen und ein paar seiner Kleider unten in seinen Kinderwagen und gehe zum Bus. Ich ziehe zu dieser Zeit erneut zu meinen Eltern mit dem Kleinen auf der Couch. Überall im Weg, ist auch da kein Platz für mich. Diesmal aber bleibe ich zwei Monate. Dann gehe ich zurück. Wo soll ich auch sonst hin? In in der Zeit meines Auszuges erhalte ich Briefe von Sven, die sich jedoch etwas von denen zu Anfang unterscheiden:

„Hallo Katharina,

es ist jetzt 2.25 Uhr, und ich kann einfach nicht schlafen. Gehe in jedes Zimmer und schaue nach, aber es ist alles leer, und ich fühle mich so verdammt einsam. Es ist so, als würde einem jemand den Boden unter den Füßen weg ziehen, und so bewege ich mich auch, wie auf einem dünnen Seil, und darauf bewege ich mich sehr schwankend. Ich weiß, was Du jetzt denkst, aber es wurde mir erst heute so richtig bewusst, was ich an Euch habe. Als ich heute im Bus wieder weiterfuhr, kam es mir so vor, als würde ich in eine andere Welt gehen, wo es nur dunkel ist und keinerlei Licht. Ich habe viele Fehler gemacht, und wenn es ginge, würde ich mich für jeden einzelnen in den Hintern beißen. Irgendwie sehne ich mich danach, einfach in den Arm genommen und ganz fest gedrückt zu werden. Einfach nach dem Gefühl der Geborgenheit. Wie es wohl meinem Sohn geht? Wird er mich überhaupt noch kennen als Vater oder als Onkel? Naja, ob ein Schlag mehr oder weniger, ist auch egal. Jedenfalls habe ich bald zu gar nichts mehr Lust, und dann werden alle ihre Ruhe haben.

So, liebe Katharina, nun komme ich zum Ende, werde nachher zum Landratsamt gehen und dann noch zur Klinik, und danach werde ich wieder arbeiten in der Hoffnung, auf andere Gedanken zu kommen. Jedoch wird es heute Abend abermals genauso leer sein wie jetzt. Sei ganz lieb gegrüßt, und auch Grüße an den Kleinen.
Bis....wer weiß wie lange?
Gruß und Kuss sendet Euch Sven, der euch verdammt liebt!"

„Hallo Katharina,
jetzt ist es genau 4.30 Uhr, und ich kann immer noch nicht schlafen, und es ist immer noch derselbe Gedanke, wie ich Dir schon vorher geschrieben habe. Hier ist alles so leer, und ich fühle mich einsam, versteh doch, Ihr fehlt mir alle beide, und es tut auch noch so verdammt weh. Überall liegen Sachen von Dir und dem Kleinen, und doch seid Ihr nicht da, dumm auch die vielen Erinnerungen, die an all den Sachen hängen. Du glaubst gar nicht, wie ich jetzt schon davor Angst habe, heute Abend nach Hause zu kommen und es ist keiner da. Ich kann Dich nur noch mal um eine allerletzte

Chance bitten, und zwar gemeinsam hier und alle drei. Ich versuche die Dinge auf die Reihe zu bekommen, nur sehe ich derzeit und alleine keinerlei Chance. Überleg es Dir, bitte. Du kannst tun und lassen, was Du willst, wir müssen nur viel, viel mehr reden. Du wirst sehen, ich schaff es wieder, dass auch Du Dich glücklich fühlst beziehungsweise es auch mit uns zweien bist. Vielleicht geht es ja auch, dass Du noch so lange hier wohnst und wir zwei getrennte Wohnungen suchen in einem Haus, dann wäre ich beruhigt, und es wäre doch etwas einfacher. Überleg es Dir, und komm mir auch etwas entgegen. Sag doch mal, wie es aussieht. Werde nun noch Deine Sachen bügeln und mich dann fertig machen für Freiburg. Ich muss hier raus. Na dann, wieder mal bis später, und umarme Dich sowie den Kleinen.
Gruß!"

Wieder einmal schwor mir Sven, intensiver als je zuvor: "Nie wieder."
In seinem absoluten Leid kann man ihn schon bedauern, und natürlich sind solche Briefe auch eine Art Ehre. Man wird

gebraucht, ich Habe ein Kind von diesem Mann, warum kann es einfach nicht gelingen mit uns beiden? Er kommt mir sehr überzeugend vor, und ich würde ihm wirklich gerne glauben. Ich würde mich über eine normale Zeit mit ihm freuen. Andererseits habe ich auch Bedenken. Eine gewisse unterschwellige Angst, was passieren könnte, wenn es wirklich aus ist. Was wird aus mir und meinem Sohn werden, wenn er keinen Vater mehr hat? Inwieweit wird Sven noch außer Kontrolle geraten, auch seinem Sohn gegenüber? Was kann ich davon verhindern und seinem Sohn ersparen? Mach ich es leichter, wenn ich da bleibe und wir wie eine richtige Familie erscheinen? Ein Junge ohne Vater nur mit mir, bekomme ich es überhaupt alleine hin? So gehe ich zurück. Eingeschüchtert von mir selbst und noch nicht zur Höchstform aufgelaufen, in der ich einige Jahre später zu Sven nach einer telefonischen Bedrohung. „Warte ab, wenn du denkst, du kennst mich schon, hast du mich noch nicht kennengelernt" sagen werde, „Dann komm vorbei. Dich mach ich noch mit Pfeifferischem Drüsenfieber fertig."Noch bin ich mit dieser Hoffnung einer Beziehung nicht fertig und gebe noch einmal mein Bestes als Frau, Mutter, Bank, Geliebte, Überlebende, Übende. Zur Feier unseres neuen Anfanges gehen wir aus. Erst essen, zusammen mit dem Freund Sven und dessen Frau, dann weiter in eine kleine dunkle Kneipe, die ganz gemütlich aussieht. An den Wänden hängen doch tatsächlich Spielautomaten. Beide Svens werfen Geld hinein, und so unglaublich das klingen mag: Sven, der „Meine", beginnt zu gewinnen. Er steht vor dem Automaten, trinkt sein Getränk, eines ohne Alkohol, wirft Geld ein, neben ihm schaut sein Freund bewundernd zu, auch die anwesenden Personen in der Gaststätte beginnen sich zu interessieren. Da sonst nichts los zu sein scheint. Er nimmt mich zwischen sich und den Automaten, zwischen seine Beine, dass ich freie Sicht auf den Automaten habe, und er spielt weiter über meinen Kopf hinweg. Das Licht ist schummrig. Die Stimmung gedämpft, friedlich und gleichzeitig aufregend und bewundernd. Er gewinnt 300,00 DM, und da es ja ein Wiederanfang sein soll, übernachten wir auf seinen Wunsch hin in einem Hotel gleich über der Straße des Gasthauses. Ich traue mich nicht gegen diese Geldverschwendung zu protestieren. Dann findet Sven tatsächlich wieder eine feste Arbeit und geht von 17.00 bis 20.00 Uhr zu UPS. Er versucht seine Schulden abzubezahlen. Nicht die bei mir. Ich kann die Person, die ich in den letzten vier Jahren geworden bin, nicht mehr ausstehen. So wehleidig, voller Tränen und ohne Hoffnung. Dafür bis zum Rand gefüllt mit zerbrochenen Träumen. Vielleicht aber kann man das von mir lernen: das man aus kleinen Rollen große machen kann, wenn man sie nur auf seine Weise spielt. Sven hat seinen Sohn bestohlen. 500 DM von seinem Sparbuch geholt. Wofür? Seit diesem Vorfall wird nichts mehr für den Kleinen einbezahlt, da Sven das wegen des geteilten Sorgerechts ja wieder abholen kann. Es ist halb drei nachts. Sven ist vor zwei Stunden betrunken nach Hause gekommen, und seither kann ich nicht mehr schlafen. Ich wundere mich nur noch, und zwar darüber, dass mich das gar nicht traurig macht. Oder sogar wütend. Ich empfinde gar nichts. Außer dass es mir um unseren Sohn leid tut. Aber für mich fühle ich nichts. Auch nicht Enttäuschung. Es ist einfach alles weg. Ich liebe Sven nicht mehr. Ich weiß nicht, wie das von stattengegangen ist. Könnte nicht mal sagen, dass die Liebe gestorben ist, denn über einen Tod müsste ich ja zumindest traurig sein. Da ist aber nicht mal mehr eine Leere. Es ist, als wäre da nie irgendwas gewesen. Jedoch fühle ich mich auch nicht befreit. Dann kam die nächste Hausdurchsuchung sowie die nächste betrunkene Nacht. Sven hat wieder einmal die Stelle verloren. Was bedeutet, dass es erneut sehr knapp ist mit dem Geld ist: zum Glück fängt mein Vater an mich etwas finanziell zu unterstützen, da ich seit der Geburt unseres Sohnes nicht mehr arbeite, sodass ich wenigstens die Miete bezahlen kann. Ich hake nach beim Erziehungsgeld oder wie das damals hieß, da ständen mir 600,00 DM monatlich zu im ersten Jahr für den Kleinen. Den Antrag habe ich gestellt und abgeschickt, aber sehr lange keine Antwort erhalten. Nach meinem Anruf dort bin ich wieder mal schlauer. Der Antrag ist schon längst genehmigt,das Geld wird regelmäßig auf das Konto des Vaters überwiesen. Ich weise darauf hin, dass ich doch meine Kontonummer angegeben habe. Sie geben mir die Auskunft, dass der Vater ihnen mitgeteilt habe, das Geld solle auf sein Konto überwiesen werden. Ich belasse es dabei. Denn ob er es jetzt direkt auf sein

Konto bekommt oder ob er es dann bei mir wieder stiehlt, da gibt es nur den Unterschied der strafbaren Handlung. Abends geht Sven zu einem Fußballspiel, am nächsten Morgen riecht es auf seiner Couch wie in einer Kneipe. Tage später finde ich morgens einen Brief von Sven vor.

„Guten Morgen mein Schatz,
ja, jetzt ist es schon zwanzig Minuten vor fünf und ich habe unserem Sohn schon den Schoppen gegeben, damit er Dich etwas länger schlafen lässt. Doch nun zum Eigentlichen. Habe gestern noch vergessen Dir etwas zu sagen. Am Freitag hat hier jemand angerufen. Es war Herr Seibold von der Polizei in Umkirch, er wollte Dich sprechen, beziehungsweise er hat Dir eine Vorladung geschickt. Frage mich natürlich, weswegen, und ich habe auch schon eine Ahnung. Es könnte wegen der Bank sein, wo ich Dich ja beschuldigt habe Geld abgehoben zu haben. Habe es ja schon zugegeben, und den Brief an die Bank, um es wieder richtig zu stellen, habe ich auch schon abgegeben. Es tut mir leid, dass wir deswegen so viel Ärger haben. Ich habe

einfach nicht darüber nachgedacht, als ich es damals tat, und ich war sehr sauer auf Dich. Frag mich jetzt nicht, warum, auf jeden Fall habe ich alles wieder klargestellt, bei der Bank und bin auch dafür verantwortlich. Wollte Dir dies noch mitteilen, obwohl es mir schwerfällt und ich gestern auch ein schlechtes Gewissen deswegen hatte, aber wie gesagt, wenn, dann sage ich Dir alles. In diesem Sinn: Sei ganz lieb gegrüßt und geküsst von Deinem Sven "

Trotz allem werden aber doch die Geburtstage gefeiert, so wie sie fallen. Ich bin froh ein schönes Geschenk für Sven gefunden zu haben, welches reduziert war und nur 9 DM und ein paar Pfennig gekostet hat. Als er es auspackt, fragt er nebenbei, was es gekostet hat, ob wir uns das überhaupt leisten können. Ich antworte, dass es für 10 DM ganz günstig gewesen sei. Erstaunt will er wissen, wo es denn so was zu kaufen gäbe. Ich sage ihm den Namen des Geschäftes. Am Tag danach haben wir den schlimmsten Krach. Er kommt von der Arbeit nach Hause und wirft mir vor die größte

Lügnerin dieser Erde zu sein. Und ich würde mir das Recht herausnehmen, mich über seine kleinen Lügen zu beschweren. Ich, die ja auch nicht besser ist mit dem Lügen. Sven war in dem Laden gewesen und hatte nachgeschaut, was sein Geschenk gekostet hatte. Dabei hatte er feststellen müssen, dass es nicht 10 DM warten, sondern 9 DM und 98 Pfennige. Nach diesem Auftritt gewöhne ich mir immer an die Dinge auf- oder abzurunden und die falschen Läden zu sagen, in denen die Dinge gekauft worden sind. Wenn Sven mich fragt. Auf diese Weise ist er einige Stunden beschäftigt, bis er herausgefunden, hat wie groß meine Lüge wieder einmal war.

Im Februar kommt ein Einschreiben, darin steht, dass er zu einer Verhandlung erscheinen muss. Sven wird des schweren Diebstahls beschuldigt. Beim Aufräumen finde ich einen Brief, welcher die bevorstehende Verhandlung betrifft. Da stand, Sven hat ein Auto gestohlen, welches aber wieder unbeschädigt aufgefunden wurde. Und 60,- DM in seiner Firma. Der Anwalt verlangt 1.000 DM, damit er Sven vertritt. Als ich das gelesen hatte, habe ich erst mal lachen müssen. Man stelle sich vor, stiehlt 60 DM, um nachher 1.000 DM zu bezahlen. Ein Schreiben seines Anwaltes, das ich ohne sein Wissen las, teilte das mit:

„Der 34-jährige Angeklagte arbeitete seit dem 18.10.1999 in der Schreinerei, wo er am 30.08.2000 in die Geschäftsräume einbrach. Dadurch entstand ein Sachschaden." Auch das Stehlen der 60 Euro wurde erwähnt und das Klauen des Autos. Es wurde aber ausdrücklich darauf hingewiesen, dass die Ankläger das Auto unbeschädigt wieder zurück erhalten haben.

„Der Angeklagte wurde beim Einbruch selbst nicht festgenommen. Die Festnahme erfolgte erst am 30.08., nachdem er wegen einer Geschwindigkeitsüberschreitung fotografiert worden war."

Im nächsten Brief, den ich vorfand und der irgendwo zerknautscht als Fresszettel herumlag, stand, Sven habe 9.000 DM dafür zu bezahlen, dass er beim Aufbrechen von Schränken diese beschädigt habe. Um die Schränke zu ersetzen solle er diese Summe bezahlen. Dann kam der Anruf von Svens Anwalt kurz vor der Verhandlung. Dieser teilte mir mit, dass er die Verteidigung von Sven auf unserer intakten Beziehung aufbauen wolle. Wenn ich dann bei der

Verhandlung dabei sei,wie ich es eigentlich vorhatte, könnte jemand auf die Idee kommen, mich nach dieser Beziehung zu befragen. Meine Antwort, wie er das einschätze, fiele da wohl nicht günstig für Sven aus. Aus diesem Grund solle ich doch lieber der Verhandlung fern bleiben. Sonst sei die Bewährung dahin. Wenn ich wolle, dass er davonkomme, bliebe ich weg, wolle ich, dass er reingehe, käme ich zur Verhandlung. Der Anwalt rechnete natürlich mit einer Bewährungsstrafe. Einmal noch? Dafür ging aber Helmut hin. Den Anwalt bezahlten wir von dem Geld, welches wir zur Taufe unseres Sohnes als Taufgeschenke erhalten hatten. Zu diesem Fest war ausschließlich Svens Verwandtschaft gekommen. Meine Seite der Familie wollte mit Sven nicht zusammentreffen. Er ist wieder betrunken nach Hause gekommen. Gestern hat er uns dann den ganzen Tag allein gelassen. Rate mal, was jetzt kommt! Sven ging nicht arbeiten, lag im Bett. Zoff haben wir auch. Da ich eines Abends so beiläufig, ohne mir etwas dabei zu denken, dahingesagt habe, dass ich morgen einkaufen gehen muss, weil wir nicht mehr genug zu essen im Haus haben. Was natürlich bedeutet, ich muss vorher bei der Bank vorbei, da ich zu Hause nicht mehr über Bargeld verfüge. Sowie ich am kommenden Morgen aufstehe und mich als auch unseren Sohn richte, um zum Einkaufen zu gehen, will ich meine Hausschlüssel einstecken und finde sie nicht mehr. Ich suche alles ab, da meine erste Vermutung die ist, dass unser Sohn die Schlüssel zu fassen bekommen   und sie nach irgendwohin verschleppte hat. Ich stelle die ganze Wohnung auf den Kopf, und als ich dabei auf den Knien, den Kopf halb unter dem Sofa lande, um auch unter diesem nachzusehen, fällt es mir wie Schuppen von den Augen, und ich weiß, dass ich aufhören kann zu suchen. Ich greife zu meinem Handy und rufe Sven bei der Arbeit an. Ich teile ihm mit, dass ich mich nicht in meiner Wohnung einsperren lasse. In einer Stunde werde ich die Wohnung verlassen. Entweder mit oder ohne Schlüssel. Wenn ohne, werde ich die Wohnung nicht mehr betreten, wenn mit, komme ich wieder zurück. Nach dem Einkauf. Er zeigt sich unfassbar, was er mit der Sache nun schon wieder zu tun haben soll. Jetzt muss er von der Arbeit weg und mir seinen Schlüssel geben. Wie soll er dann immer rein komme? Ich sage, dass ich abends stets da bin, um ihn reinzulassen. Sven kommt tatsächlich innerhalb der vorgegebenen Stunde und gibt mir missmutig seinen Schlüssel. Für mich ist es keine Überraschung, als ich zur Bank gehe und dort erfahre, dass ich 1.500 DM ärmer bin und kein Geld zum Einkaufen mehr da ist. Alles wie gehabt. Unterschrift gefälscht; da die Frau so krank ist und sich zurzeit nicht um ihr Konto kümmern kann, darf er nun ran. So lautet die von den Bankangestellten gegebene Auskunft. Zwei Wochen später finde ich meinen Schlüssel in meinem Briefkasten. Sven hat die kluge Einsicht, dass ich den Schlüssel verloren hatte, ihn jemand fand und ihn bei mir einwarf. Dumm nur, dass auf meinem Schlüsselbund kein Name, keine Adresse vermerkt waren. Aber Sven bekam seinen Schlüssel von mir zurück, sodass er wieder lange aufbleiben und ausgehen konnte. Dann weit nach Mitternacht nach Hause kam, und weil er noch ein Glas Wasser trinken wollte, die Scheibe des Küchenschrankes einschlug, um an ein Glas zu kommen. Die verletzte Hand ignorierte ich, er die kaputte Tür, und so blieb der Schrank, bis er bei der Auflösung der Wohnung auf dem Sperrmüll landete. Mein Zahnfleisch musste transplantiert werden. Ich bekam Fleisch vom Gaumen auf das Zahnfleisch transplantiert, da mein Zahnfleisch immer mehr abnahm und mir dann die Zähne ausfallen könnten. Es war eine etwas längere Operation, danach konnte ich auch eine ganze Zeit nicht richtig essen, und eigentlich hätte ich in der Zeit etwas Unterstützung von Sven mit unserem Kleinen gebrauchen können. Als ich von der Operation, während der unser Sohn bei meiner Mutter war nach Hause kam, lag ein Zettel auf dem Küchentisch: „Bin bis nach dem Wochenende bei Klaus." Als Sven wiederkommt, ist er sehr fürsorglich und schmeichelt sich bei mir ein. Da sein Onkel wegfahren will und er jemanden braucht, der in dieser Zeit noch seiner Oma sieht. Warum auch nicht. Habe die Zeit mit Operation und Baby allein überstanden, warum dann nicht auch noch die Oma mit dazu? Als unser Sohn dann ein Jahr und ein halbes war, ging ich drei Stunden am Tag arbeiten. Bei der Post Briefe sortieren. Meine Mutter passte in der Zeit auf den Nachwuchs auf, für mich war es eine Zeit der Illusion. In der ich dachte, die drei Stunden täglich würden dazu führen, dass ich eines Tages gehen könnte. Sven hatte eine Arbeit, bei der er hauptsächlich auf Montage war. Er kam nur noch am Wochenende nach Hause, und selbst die beiden Tage hielt ich kaum aus. Einmal hatten wir sogar Ärger, nur weil ich mir erlaubt hatte, eine Heizung auszuschalten. Dann im Jahr 2002 beschloss ich auszuziehen.

„Neun Spieler können nicht einen einzigen Hahn ernähren."
Jugoslawisches Sprichwort

Cash und Klang

Bei diesem Entschluss half mir zuerst einmal mein Vater, indem er mir meinen Bausparvertrag übergab, in den ich immer wieder Geld eingezahlt hatte, bevor ich Sven kennengelernt habe, und der noch beim ihm verwahrt wurde. Meine genauen Umstände kannte er damals nicht und dachte wohl, es wäre an der Zeit, dass ich diesen nun selbst aufhob. Bei uns zu Hause versorgte ich ihn.

Jedoch machte ich mir nicht einmal mehr die Mühe diesen zu verstecken. Ich legte den Bausparvertrag ganz oben und gut sichtbar in den Schrank. Was Sven finden will, findet er sowieso. Vielleicht habe ich es auch darauf angelegt. Ich weiss es nicht. Es waren 20.000 DM angespart. Zum Jahresende 2001 bekam ich eine Abrechnung, auf dieser wies der Bausparvertrag kein Guthaben mehr auf. Ich ging zur BHW, um mich zu erkundigen, wo das Geld geblieben war. Man legte mir eine Kopie einer Vollmacht mit einer Kopie meines Ausweises vor. Auf der Vollmacht bestätigte ich schwer krank zu sein und aufgrund dieser Krankheit meine finanziellen Dinge an Sven abzutreten. Mit der Vollmacht hat er sich das Geld auf sein Konto überweisen lassen. Meine Unterschrift war wieder mal gefälscht, und bei der Bausparkasse sagte man mir, dass sie regresspflichtig seien, und wenn ich ihn anzeige, erhielte ich auch das Geld wieder zurück. Nachdem ich dies vernommen hatte, schob ich den Kinderwagen meines Sohnes vor mir her, in dem er saß und am Ende unseres Weges lag das Polizeirevier in Umkirch. Dort war erst mal abgeschlossen. Eine Weile mussten wir auf der Treppe warten. Aber auch diese Wartezeit veranlasste mich nicht umzudrehen und wieder zu gehen. Bestimmt noch zwei Jahre danach dachte ich oft, dass ich das niemals getan hätte, wenn ich gewusst hätte, wie schlimm es danach werden würde. Niemals habe ich vermutet, dass es schlimmer werden kann, als es schon ist. Aber Sven blieb weiterhin grausam im Erfinden. Der Polizist kam, und ich erstattete Anzeige gegen Sven. Als wir dann zu dem Teil kamen, dass wir noch gemeinsam in einer Wohnung wohnen und ich nach der Anzeige wieder zurück in dieselbe gehen würde, fragte mich der Polizist, ob ich nicht Hilfe brauche. Aber ich meinte: „Nein, das läuft schon so. „ Eine Woche nachdem ich die Anzeige aufgegeben hatte, klingelte das Telefon, und meine Mutter war am Apparat. In der Regel rief sie nie bei mir an, da sie nicht mit Sven reden wollte. Aber sie hatte mir mitzuteilen, dass meine Großmutter gestorben war. Das kam sehr überraschend, da sie zwar über achtzig war, jedoch außer ihrer Zuckererkrankung keine weiteren Beschwerden hatte. Aber es sah so aus, als hätte sie sich entschlossen zu sterben. Denn als meine Mutter am Tag bei ihr gewesen war hatte sie nur in ihrem Sessel gesessen und war antriebsschwach gewesen; sie meinte dann, sie sei müde und gehe bald zu Bett. Aus diesem Grund ging meine Mutter abends erneut hin, um zu sehen, wie es ihr ging. Da hatte sie ihr schönstes Kleid getragen, war frisch gewaschen und saß zusammen mit ihren Zähnen in einem Sessel im Wohnzimmer. In dieser Aufmachung pflegte sie sonst nicht ins Bett zu gehen. Sie hatte für den Mann, der das Essen auf Rädern bringt, die leere Schachtel vor die Tür gestellt und sein Geld hineingetan. Sie atmete schwer, und meine Mutter legte sich zu ihr auf das Sofa, denn meine Großmutter hatte gesagt, heute dürfe noch kein Arzt geholt werden. Nicht vor morgen. Meine Mutter schlief auf dem Sofa ein und erwachte wieder, als es sehr still im Zimmer war. Zuerst musste sie überlegen, was anders war, und dann merkte sie, dass das schwere Atmen aufgehört hatte. Da war Großmutter gestorben. Später beim Ausräumen der Sachen fiel uns auf, dass es keine Unterwäsche, Socken oder abgetragene Kleidung zu finden waren. Sie hatte alles weggeworfen, was wir nicht mehr gebrauchen konnten oder was zu persönlich zum Hinterlassen war.   Da ich bei Sven *ausziehen wollte, nach der Anzeige, erwarb meine Mutter von dem Geld, welches sie von meiner Großmutter erbte, eine Wohnung im Haus nebenan. Sie ließ sie auch renovieren, und ich zog tatsächlich um. Stand aber noch im Mietvertrag der „alten" Wohnung, da dieser eine Kündigungszeit von drei Monaten aufwies. Sven war außer sich; er drohte damit, uns beide, mich und unseren gemeinsamen Sohn, umzubringen, wenn ich wirklich gehen würde. Mir war das gleichgültig, denn ich dachte, lieber bin ich tot, als dass ich das noch einen einzigen Tag lang mitmache. In Wirklichkeit zog ich aus, um zu sterben. Denn dass es dann so weit kommen würde, stand für mich außer Frage. Jedoch wollte ich den Tod nicht kampflos auf mich nehmen. Die Anzeige nahm er hin, die verzieh er, konnte er vielleicht verstehen. Aber dass ich auszog, wurde nicht geduldet. Ich sollte mit dem Mann weiterleben den ich angezeigt hatte. Schließlich aber bekam er Angst vor einer erneuten Gefängnisstrafe, da er wieder Bewährung hatte, weswegen von all den Sachen wusste ich nicht. So fing er an zu verhandeln. Ich solle die Anzeige zurücknehmen. Ich sagte, nur wenn er uns ausziehen lässt, ziehe ich die Anzeige zurück.*

Wir einigten uns dann wirklich darauf, dass ich mit dem Kind ging, ihn aber jedes Wochenende in Umkirch besuchte. Dafür dann die Anzeige zurückzog und somit auf mein Geld verzichtete. Jedoch hatte ich noch eine zusätzliche Bedingung an die Rückziehung meiner Anzeige geknüpft. Ich wollte von ihm wissen, was er mit dem ganzen Geld gemacht habe. Er ließ sich auch darauf ein und sagte: „Ich habe es verspielt." Das war das einzige Mal, dass er es wirklich aussprach, das, was sein eigentliches Problem war. Kaum hatte es sich im Familienkreis herumgesprochen, dass ich ausziehen wollte, bereits eine neue Unterkunft hatte und diese nur noch renoviert werden würde, kam ein Telefonanruf von Svens Schwester. Das mit meinem bevorstehenden Auszug wundere sie ja nicht, denn nach dem, was er bei ihr in Reutlingen getan hatte, konnte man ja nur noch gehen. Zuerst war ich überrascht, den ich hatte nichts davon gewusst, dass Sven seine Schwester besucht hatte. Sie klärte mich auf. Er habe ein Wochenende bei ihnen verbracht. War angereist mit sehr viel Geld in der Tasche, hatte ein schönes Zimmer gemietet. Worin er auch eine Frau unterbrachte, welcher er morgens das Frühstück servierte, mit Blumen dazu. Ansonsten habe er seine Begleitung, Svenja und ihre Freunde ausgeführt. In Lokalitäten mit Geldspielautomaten, wo er alles verspielt habe. An einem Wochenende war das gesamte Geld weg. Die Erwähnung einer anderen Frau störte mich weniger, ich hoffte nur, mich nicht mit Aids angesteckt zu haben. Lange gingen meine Besuche nach meinem Auszug in Umkirch nicht, denn wir hatten uns gerade eingelebt, da gab es erneut eine Verhandlung, und dieses Mal endete sie mit einer Gefängnisstrafe. Einer der „Weihnachtsbäume" hatte Anzeige erstattet. Wegen des Diebstahls von 800,-DM. Am 15. November 2001 hatte die Verhandlung stattgefunden, wozu ich, als ich unsere gemeinsame ehemalige Wohnung auflöste, das dazu passende Schreiben entdeckte.

„Zu einem nicht mehr näher feststellbaren Zeitpunkt zwischen dem Abend des 06.08.2001 und dem Vormittag des 10.08.2001 entwendete der Angeklagte, der in dieser Zeit bei der Geschädigten in Leipzig zu Besuch war, aus einer Stahlkassette, in welcher die Geschädigte ihre Scheckformulare aufbewahrte, ein

Scheckformular, welches von der Geschädigten bereits unterschrieben war. Hierzu verwendete der Angeschuldigte, der sich eigentlich auf dem Gartengrundstück der Geschädigten aufhalten sollte, ohne deren Wissen und Wollen den Schlüssel zu der Wohnung der Geschädigten. Am Vormittag des 10.08.2001 begab sich der Angeklagte sodann mit dem entwendeten Scheckformular zur Bank der Geschädigten, nachdem er zuvor einen Betrag von 800 DM eingesetzt und das Scheckformular mit seinem Namen und Datum ausgefüllt hatte. Aufgrund der Vorlage des Schecks wurden dem Angeschuldigten 800 DM ausgezahlt, die er für eigene Zwecke verwendete. Zu dieser Handlung war der Angeschuldigte nicht berechtigt, was er auch wusste."

 Aber kaum hatte er die Verhandlung hinter sich und wusste eigentlich schon, wann er erneut im Gefängnis anzutreten hatte, kam im Dezember desselben Jahres noch ein Beschluss dazu.

Ermittlungsverfahren gegen....wegen Betruges

Morgens lagen wir noch schlafend im Bett, selbst der Kleine, welcher ein Frühaufsteher war, schlief noch, als es klingelte. Sven sagte:" Lass es klingeln." Ich stand auf und sah zum Fenster raus, wo ein Polizeiauto vor der Tür stand. Ich beschloss doch lieber zu öffnen und die zwei Beamten kamen mit einem Durchsuchungsbefehl herein.

„Ohne vorherige Anhörung wird die Durchsuchung der Person, der Wohnung mit Nebengebäuden und der Fahrzeuge angeordnet."

Gesucht wurden folgende Gegenstände:

-1 Hobelmaschine Marke Festo, Typ EHL 65E
-1 FE STF Teller D 150-M8
-FE STF Lammfell D150
-1Clou Messbecher, 1 Ltr.
-1 Pamalux Kunstharz-Verdünnung, kz-frei
-1 1C1 Supersoft Spachtel P551-1071
-1 Storch Heizkörperwalze, 11cm, 15621E
-1 Storch Aufsteck-Bügel, 157600

Falls sie gefunden werden sollten, wurde auch die Beschlagnahmung angeordnet. Die Gründe waren folgendermaßen angegeben:

„Aufgrund der bisherigen Ermittlungen besteht der Verdacht, dass der Beschuldigte am 25.10.2001 in Freiburg bei einer Firma für Holztechnik die obengenannten Gegenstände gekauft hat, wobei er wahrheitswidrig behauptet habe, im Namen und auf Rechnung der Firma R.-u.-R-Desingn, bei der er beschäftigt sei, zu handeln. Im Vertrauen auf die Richtigkeit seiner Angaben war ihm die Ware ausgehändigt worden, wodurch der Firma ein Schaden in Höhe von 557,87 DM entstanden ist, da weder der Beschuldigte - entsprechend seinem Plan - noch die angeblich von ihm vertretene Firma den Kaufpreis ausgeglichen hat. Dieses Verhalten ist strafbar als Vergehen des Betrugs. Die oben genannten Gegenstände können als Beweismittel von Bedeutung sein. Die Beschlagnahmung steht in angemessenem Verhältnis zur Schwere der Tat und zur Stärke des Tatverdachtes und ist für die Ermittlungen notwendig. Es ist zu vermuten, dass die Durchsuchung zum Auffinden der Gegenstände führen wird. "

Die Durchsuchung dauerte Stunden, mehrere. Ich trug den Kleinen herum und war eigentlich überall im Weg. Ich hatte noch mein Nachthemd an, und auf den Gedanken, mich anzuziehen, kam ich überhaupt nicht. Ich hätte auch nirgends ein paar Minuten alleine verbringen können, um dies zu tun. Aber es war eigentlich nicht von Bedeutung. Die anwesenden Beamten sahen mich gar nicht, so kam es mir vor. Eigentlich sahen sie immer nur auf den Boden, wenn sie in meiner Nähe waren. Oder in Schränke. Wo sie aber nicht fündig wurden. Sven wurde zu einem der Beamten an unseren Küchentisch gesetzt, wo er befragt wurde. Aber wie es im Schreiben richtig hieß, war zu vermuten etwas zu finden. Wenn nicht in der Wohnung, so doch dann im Keller. Die Sachen wurden mitgenommen. Zur genaueren Betrachtung. Mehr erfuhr ich dann erst durch einen Anruf meines Quasischwagers. Der Mann von Svens Schwester rief mich später an und beschwerte sich über Svens Verlangen. Er hatte herausgefunden, dass Sven seine Schwester bekniet hatte bei der Polizei auszusagen, dass sie ihre Wohnung renoviert hätten und die Sachen von der Renovierung herkämen. Sie hatte das bei der Polizei unterschrieben. Ihr Mann war jetzt sauer, da dies nicht der Wahrheit entsprach. Sie hatten vier Kinder zu versorgen und konnten sich keinen Ärger wegen einer Falschaussage leisten. Ich stimmte ihm darin zu und gab ihm recht. Sven kam durch diese Aussage davon.

Dann begann die wirklich harte Zeit, etwas, was all die Jahre zuvor übertraf. Ich dachte in dieser Zeit, dass überstehe ich nicht. Ich hatte den Umzug hinter mich gebracht und wohnte jetzt im Haus neben dem meiner Eltern. Zahlte von daher auch nicht mehr die Miete für unsere alte Wohnung mit. Bei der Gerichtsverhandlung wurde Sven das Datum seines Antrittes im Gefängnis kundgetan. Sowie die Uhrzeit und was erlaubt war mitzubringen. Er war pünktlich bei diesem Termin. Er ging einfach ins Gefängnis und hinterließ mir die Welt draußen. Er ist schlicht gegangen, und ich saß draußen mit „seiner" Wohnung. Die ich so schnell wie möglich auflösen musste. Wegen der anfallenden Miete. Und ich stand ja immer noch im Vertrag, sodass ich diese Miete bezahlen musste, jetzt, wo er es nicht mehr tat und die Wohnung noch nicht übergeben war. Dann kam heraus, dass nicht nur die laufenden Mietkosten zu übernehmen waren, sondern Sven seit meinem Auszug vor einem *halben Jahr mit der Miete im Rückstand war. Also musste ich auch die Mietschulden übernehmen. Zum Glück kam Helmut jeden Morgen von Titisee in unsere ehemalige Wohnung, um mir beim Aussortieren der Sachen zu helfen. Das meiste stellten wir einfach auf die Straße zum Sperrmüll. Nur einige Sachen behielt ich, die Sven als Schreiner selbst gemacht hatte. Dann fingen wir an die Wohnung zu streichen und kleinere Reparaturen vorzunehmen. Dabei entdeckte Helmut in unserem Müllcontainer ein Urteil im Namen des Volkes, worin die Begründung der jetzigen Straftat zu lesen war sowie eine Auflistung Svens vergangener Taten. Wovon ich sehr viel gar nicht wusste.*

„Strafrechtlich ist der Angeklagte wie folgt in Erscheinung getreten:
I.
Am 20.06.1986 sprach das Amtsgericht Freiburg - Jugendrichter - den Angeklagten des vorsätzlichen Fahrens ohne Fahrerlaubnis und des Diebstahls in Tateinheit mit vorsätzlichem Fahren ohne Fahrerlaubnis schuldig und erteilte ihm eine Geldauflage in Höhe von 200,00 DM. Der

Verurteilung lag folgender Sachverhalt zugrunde:

1. Zu einem nicht mehr genau feststellbaren Zeitpunkt im Januar 1986 setzte der Angeklagte den Geländewagen Marke Daihatsu in Kirchzarten in Betrieb und fuhr damit nach Oberried zu dem Kiosk am Skilift „Stollenbach". Der Angeklagte wusste dabei ganz genau, dass er den Jeep auf öffentlichen Straßen nur mit der Fahrerlaubnisklasse 3 führen durfte, die er nicht besaß.

2. Am 10.02.1986 entwendete der Angeklagte in der Gaststätte „Giersberg" in Kirchzarten der Zeugin....den Schlüssel für den Pkw. Ohne die erforderliche Fahrerlaubnis zu besitzen, nahm der Angeklagte anschließend eigenmächtig dieses Fahrzeug in Betrieb und fuhr damit nach Hinterzarten und anschließend zu einem Autohaus in Wagensteig. Dort stellte er den Pkw - dem beliebigen Zugriff Dritter ausgesetzt - ab. Der Angeklagte hatte auch keine Fahrerlaubnis 3, deren Erforderlichkeit ihm bekannt war.

II.
Am 05.06.1987 wurde der Angeklagte durch das Amtsgericht in Sigmaringen wegen

Fahnenflucht in fünf Fällen zu einer Gesamtfreiheitsstrafe von 10 Monaten verurteilt, deren Vollstreckung zur Bewährung ausgesetzt wurde.

III.

Am 15.01.1988 verurteilte das Amtsgericht Freiburg den Angeklagten wegen Urkundenfälschung in drei Fällen, in zwei Fällen in Tateinheit mit Diebstahl und Betrug unter Einbeziehung der Einzelstrafe aus dem Urteil des Amtsgerichts in Sigmaringen vom 05.06.1987 zu einer Gesamtfreiheitsstrafe von 1Jahr und 3 Monaten, deren Vollstreckung zur Bewährung ausgesetzt wurde. Der Verurteilung lag folgender Sachverhalt zugrunde:

1.An einem nicht mehr näher feststellbaren Tag vor dem 12.05.1986 entwendete der Angeklagte aus dem Zimmer der Geschädigten, die damals im Personalhaus des „Seehotel Wissler" in Titisee wohnhaft war, verschiedene Scheckformulare der Sparkasse. Um durch Einlösung dieser Schecks seine finanzielle Notlage, in die er aufgrund seiner Arbeitslosigkeit gekommen war, zu lindern. So füllte er den Scheck mit 600,00 DM aus, unterschrieb im Namen der

Geschädigten und legte ihn in der Zweigstelle zur Auszahlung vor. Wobei er auf die Rückseite des Schecks „Bernd Mäder" schrieb.Der auf dem Scheck genannte Geldbetrag wurde ihm ausbezahlt.

2.Den nächsten Scheck füllte er mit 1.000,00 DM aus und unterschrieb auf der Rückseite ebenfalls mit „Bernd Mäder". In der Zweigstelle Neustadt bekam er den Scheckbetrag ausgezahlt.

3.Den nachfolgenden Scheck füllte er mit 2.000,00 DM aus und unterschrieb auf der Rückseite mit „Thomas Gschwind". Diesen Scheck legte er in der Zweigstelle Hinterzarten vor und bekam den Betrag ausgezahlt.

4.An einem nicht näher feststellbaren Tag vor dem 06.06.1986 entwendete er aus dem Zimmer seiner damaligen Freundin einen Barauszahlungsschein der Sparkasse in der Absicht, diesen auszufüllen und bei der Sparkasse damit Geld abzuheben. Er füllte das Formular mit 1.000 DM aus und unterschrieb auf der Rückseite mit „Bernd Mäder". Diesen Auszahlungsschein legte er am 06.06.1986 bei der Zweigstelle in Neustadt vor und bekam den Betrag ausbezahlt.

5.Im Juni 1986 fertigte er auf einem Briefbogen der Firma Sico, Buchenbach, bei der er einige Zeit vorher beschäftigt war, eine „Bestätigung", aus der sich ergibt, dass er in der Zeit vom 12.05. bis 16.05.1986 in einem festen Arbeitsverhältnis bei der Firma Sico gestanden habe, was durch Stundenkarten nachgewiesen werden könne. Diese Bestätigung unterzeichnete er mit einer nachgemachten Unterschrift des Firmeninhabers. Diese Fälschung stellte der Angeklagte her, um seiner Freundin und deren Schwester unter Beweis zu stellen, dass er nicht der Einlöser der oben genannten gefälschten Schecks sein könne, und wollte damit den Geschädigten vorspielen, er sei zu den jeweiligen Tatzeiten bei der Firma Sico aufhältig gewesen und könne deshalb nicht als Einlöser der Schecks in Titisee und Neustadt in Betracht kommen.

6. Am 10. oder 11.03.1989 entwendete der Angeklagte vom Buffet des Hotels „Thomahof" ein Porzellanschwein des Bedienungspersonals, das er auf seinem Zimmer zerschlug und dessen Inhalt von etwa 190,00 DM für sich verbrauchte.

7.Schließlich nahm der Angeklagte am 05.04.1989 zwischen 11.00 und 13.00 Uhr aus der unverschlossenen Wohnung seiner Arbeitskollegin eine in einem Korb abgelegte Kellnergeldbörse mit einem Betrag von 50,00 DM Münzgeld an sich, um diese für sich zu behalten.

IV.

Am 28.03.1989 wurde der Angeklagte vom Amtsgericht Freiburg wegen Diebstahl in sechs Fällen, hiervon in zwei Fällen in Tateinheit mit Fahren ohne Fahrerlaubnis verurteilt. Diesem Urteil liegen die folgenden Feststellungen zugrunde:

1. Am 27.08.1989 entwendete er vor dem Anwesen den unverschlossenen abgestellten Passat, um ihn für sich zu behalten. Mit diesem Pkw nahm er aufgrund einheitlichen, auf mehrfache Tatbegehung gerichteten Willensentschlusses in einer nicht mehr bestimmbaren Anzahl von Fällen auf öffentlichen Straßen am Straßenverkehr teil, obwohl er, wie er wusste, keine Fahrerlaubnis hatte.

2. Am 30.08.1989 entwendete er in der Skihütte „Thoma" in Hinterzarten etwas 10 Kästen Leergut (Bierflaschen), die er später in Freiburg einlöste.

3. Am 31.08.1989 entwendete er in Oberried im Gasthaus „Zastler Hütte" weitere 10 Kästen Leergut, die er später in Donaueschingen einlöste.

4. Zu einem nicht näher bestimmbaren Zeitpunkt Ende August 1989 entwendete er aus unverschlossenen Zimmern im unverschlossenen Personalhaus der Firma „Drubba" in Titisee einen Elektrorasierer, ferner aus einem verschlossenen Zimmer nach Aufdrücken der Tür mit der Schulter eine 3-Liter-Flasche,welche mit Münzgeld im Wert von 700,00 DM gefüllt war.

5. Zu einem nicht näher bestimmbaren Zeitpunkt, ungefähr am 10.08.1998, entwendete er bei der Firma „Drubba" sechs Kästen Leergut im Wert von 39,00 DM, um sie später einzulösen.

6. Am 03.08.1989 entwendete er vor dem Anwesen in Reutlingen mittels des in der Wohnung des Zeugen auf nicht erschwerte Weise entwendeten Schlüssels den Pkw, um ihn für sich zu behalten. Mit diesem Fahrzeug fuhr er nach Titisee, obwohl er keine Fahrerlaubnis hatte, und stellte in am 27.08.1989 in einem Waldstück ab.

Der Angeklagte wurde wegen Taten Ziff. 1 bis 4 zu einer Gesamtfreiheitsstrafe von 1

Jahr und wegen der Tat Ziff. 5 und 6 unter Einbeziehung der Strafen vom 16.08.1989 zu einer Gesamtfreiheitsstrafe von 10 Monaten verurteilt. Nachdem diese Gesamtfreiheitsstrafe zunächst zur Bewährung ausgesetzt werden konnte, musste die Strafaussetzung in der Folge widerrufen werden.

V.

Am 08.01.1992 wurde der Angeklagte vom Amtsgericht Böblingen wegen Diebstahlsin Tateinheit mit fortgesetztem vorsätzlichen Fahrens ohne Fahrerlaubnis sowie wegen vorsätzlicher Trunkenheit im Verkehr zu einer Gesamtfreiheitsstrafe von 7 Monaten verurteilt.

VI.

Am 31.08.1992 wurde er vom Amtsgericht Freiburg wegen Diebstahl in drei Fällen, in zwei Fällen fortgesetzt handelnd, und fortgesetzten Fahrens ohne Fahrerlaubnis unter Einbeziehung der Freiheitsstrafe aus dem Urteil des Amtsgerichtes Böblingen und Auflösung der dort gebildeten Gesamtfreiheitsstrafe zu einer Gesamtfreiheitsstrafe von 1 Jahr und 6 Monaten verurteilt. Diesem Urteil liegen die folgenden Feststellungen zugrunde:

1. In der Nacht vom 14. auf den 15.12.1990 zwischen 02.30 Uhr und 8.00 Uhr morgens entwendete er in bewusstem und gewolltem Zusammenwirken mit einem getrennt Strafverfolgten in der Küche des Anwesens zwei dort in einem Unterschrank festgeschraubte Geldkassetten. Er brach sie auf und entnahm das darin befindliche Bargeld in Höhe von 1.600,00 DM. Es entstand Sachschaden in Höhe von 800,00 DM.

Darüber hinaus entwendete er mit Hilfe eines in einer der Kassetten aufgefundenen Autoschlüssels den Pkw. Dieses Fahrzeug benutzte der Angeklagte bis zum 17.09.1991.

2. Am 02.10.1991 entwendete er gegen 12.00 Uhr mittags aus dem Gebäude der Zeugen in Ehrenstetten einen Sparsack mit ca. 400,00 DM Bargeld, ein Sparschwein mit ca. 100,00 DM Bargeld und mit Hilfe eines Autoschlüssels, den er in dem Anwesen vorfand, den Pkw. Mit dem Pkw fuhr er in der Folgezeit auf öffentliche Straßen und ließ ihn schließlich am 04.11.1991 in Kirchzarten stehen.

3. Am 04.11.1991 entwendete der Angeklagte auf dem Parkplatz den dort unverschlossenen abgestellten Pkw . Den

Schlüssel für den Pkw hatte er zuvor seinem Besitzer entwendet. Mit dem Pkw nahm der Angeklagte bis zum 18.11.1991 am öffentlichen Straßenverkehr teil.

VII.

Am 02.08.1994 verurteilte das Landgericht Freiburg den Angeklagten wegen Diebstahl in zehn Fällen, davon in fünf Fällen in Tateinheit mit vorsätzlichem Fahren ohne Fahrerlaubnis, in einem Fall in Tateinheit mit vorsätzlichem Fahren ohne Fahrerlaubnis und Hausfriedensbruch und in einem Fall in Tateinheit mit Hausfriedensbruch, wegen falscher Verdächtigungen, wegen Urkundenfälschung in drei Fällen, davon in einem Fall in Tateinheit mit vorsätzlichem Fahren ohne Fahrerlaubnis und in zwei Fällen in Tateinheit mit Betrug sowie Betrugs in Tateinheit mit vorsätzlichem Fahren zu einer Gesamtfreiheitsstrafe von 2 Jahren und 10 Monaten. Der Verurteilung lag folgender Sachverhalt zugrunde:

„Dem Angeklagten, der sich seit dem 30.01.1992 zur Vollstreckung einer Freiheitsstrafe in der Justizvollzugsanstalt Freiburg befand, wurde im Zeitraum vom

30.06.1992 bis zum 12.07.1992 Regelurlaub gewährt. Obwohl er bereits seit April 1992 zum Freigang zugelassen worden war, kehrte er aus dem gewährten Regelurlaub nicht zurück, weil er wegen eines bevorstehenden weiteren Strafverfahrens den Widerruf der gewährten Lockerungen befürchtete.

Hauptsächlich zur Finanzierung des Lebensunterhaltes verübte der Angeklagte in der Folgezeit die nachfolgenden Straftaten, wobei er den Entschluss hierzu jeweils unmittelbar zuvor fasste.

1. In den frühen Morgenstunden des 17.07.1992 fasste der Angeklagte nach einem Gaststättenbesuch den Entschluss, in das Hotel „Ritter" einzudringen, um dort stehlenswertes Gut zu entwenden. In Ausführung dieses Entschlusses betrat er das Hotel seines früheren Arbeitgebers durch eine unverschlossene Nebentür im Kellerbereich des Gebäudes und begab sich von dort in die Küche. Nachdem er dort ein Messer und einen Wetzstahl an sich genommen hatte, hebelte er die vom Keller zur Rezeption führende Zwischentür gewaltsam auf. In der Rezeption öffnete er gewaltsam den sich dort befindenden Schlüsselkasten und

entnahm hieraus einen Schlüssel zum Hotelsafe. Mit diesem Safeschlüssel öffnete er den im Büro befindlichen Hotelsafe und entnahm hieraus das darin befindliche Bargeld in Höhe von mindestens 5.622,50 DM. Aus dem im Rezeptzionsbereich befindlichen Tresor entwendete er mindestens 450,00 DM in bar,nachdem er diesen Tresor zuvor ebenfalls mit einem im Schlüsselkasten befindlichen Schlüssel geöffnet hatte. Nachdem er aus dem gewaltsam geöffneten Raum des Masseurs ebenfalls 100,00 DM aus einer unverschlossenen Geldkassette entwendet hatte, begab er sich mit einem aus dem Schlüsselkasten entnommenen Werkstatt- und Reserveschlüssel zu dem auf dem Hof des Hotels verschlossen abgestellten Pkw Mercedes 190 E mit einem Wert von 15.000,00 DM und verließ mit diesem Fahrzeug den Tatort. Obwohl ihm bewusst war, dass er hierfür die erforderliche Fahrerlaubnis nicht besaß. Dieses Fahrzeug wurde von dem Angeklagten in der Folgezeit regelmäßig benutzt. Nachdem das Fahrzeug einen Motorschaden erlitten hatte, entledigte sich der Angeklagte des Fahrzeuges, indem er es in der Schönbergstraße in Freiburg abstellte und dem Zugriff Dritter preisgab und die Rückführung an den rechtmäßigen Eigentümer dem Zufall überließ.

2. Am frühen Morgen des 14.08.1992 fasste der Angeklagte den Entschluss, in der Pension „Hausfrieden" stehlenswertes Gut zu entwenden. Mit einem Zentralschlüssel, der seiner Ehefrau im Rahmen eines früheren Anstellungsverhältnisses ausgehändigt worden war, öffnete der Angeklagte die Haustür und begab sich unbemerkt in das Büro der Pension „Hausfrieden". Dort entnahm er aus dem Schreibtisch 250,00 DM Bargeld, ein Schlüsselmäppchen und Barschecks. Im Anschluss hieran verließ er mit dem unverschlossenen und mit steckendem Zündschlüssel vor dem Haus abgestellten Pkw Mercedes-Benz den Tatort, um das Fahrzeug mit einem Wert von 3.000 DM in der Folgezeit für eigene Zwecke zu nutzen.

3. Am 17.08.1992 fuhr der Angeklagte gegen 4.30 Uhr mit dem zuvor entwendeten Pkw nach Hinterzarten und gelangte dort auf

unbekannte Weise in das Hotel „Thomahof". Nachdem er dort die verschlossene Schiebetür zum Büro aufgehebelt und eine verschlossene Schreibtischschublade aufgebrochen hatte, entwendete er hieraus zwei Geldkassetten und aus einer unverschlossenen Schublade eine weitere Geldkassette. Nach dem gewaltsamen Aufbruch der Küchentür entnahm er aus der Küche eine weitere Geldkassette, bohrte drei der Kassetten auf und entwendete das darin befindliche Bargeld in Höhe von 311,30 DM und 20 Fr. Unmittelbar nachdem sich der Angeklagte vom Tatort entfernte, konnte die herbeigerufene Polizei die Verfolgung aufnehmen und den Angeklagten in Titisee festnehmen. Die dem Angeklagten um 6.50 Uhr entnommene Blutprobe ergab eine durchschnittliche Blutalkoholkonzentratzion von 0,38 Promille.

4. Anlässlich der nach der Festnahme durchgeführten polizeilichen Vernehmung behauptete der Angeklagte am 17.08.1992 wahrheitswidrig, dass sein ehemaliger Kollege den Einbruch in das Hotel

„Ritter" am 17.07.1992 gemeinsam mit ihm verübt und die Hälfte des erbeuteten Geldes und den Pkw Mercedes-Benz erhalten habe. Diese Behauptung stellte der Angeklagte auf, um auch seinem Kollegen einem Strafverfahren auszusetzen. Nach Konfrontation mit der Aussage des als Beschuldigten Vernommenen berichtigte der Angeklagte am 14.10.1992 die Falschbezichtigung.

5. Nach der am 17.08.1992 erfolgten Festnahme wurde der Angeklagte erneut in die JVA Freiburg verbracht, wo die gegen ihn verhängten Freiheitsstrafen weiter vollstreckt wurden.Am 27.10.1992 gelang ihm während einer Ausführung zur Wahrnehmung eines ambulanten ärztlichen Behandlungstermines die Flucht, und er begab sich zu Fuß nach Kirchzarten.

6. In der Nacht vom 27./28.10. 1992 fuhr der Angeklagte mit dem zuvor entwendeten Opel Astra nach Badenweiler und hebelte ein abgekipptes Fenster des Hotels „Ritter" auf. Durch dieses geöffnete Fenster stieg er in das Gebäude ein und entwendete aus dem Büro des Küchenchefs 400,00 DM. Unter

Zuhilfenahme eines Dietrichs gelangte er in den Raum des Masseurs und entwendete dort aus einem abgelegten Buch 210,00 DM in Geldscheinen und eine Trainingshose. Das Hotel „Ritter" verließ er kurze Zeit später. Nachdem er zuvor noch die Tür zur Waschküche nach stehlenswerter Beute durchsucht hatte.

7. Am 05.11.1992 zwischen 6.30 Uhr und 8.00 Uhr betrat der Angeklagte die nicht verschlossene Wohnung des Ehepaares Schneider in Müllheim, von der ihm bekannt war, dass die Hausabschluss- und Wohnungstür nicht verschlossen waren. An der Garderobe entnahm er die Herrenlederjacke des Herrn Schneider mitsamt den darin befindlichen Papieren und aus der im Wohnzimmer abgestellten Damenhandtasche der Frau Schneider eine Geldbörse mit dem darin befindlichen Bargeld in Höhe von 140,00 DM nebst zwei Scheckkarten der Geschädigten Schneider.

8. Am Abend des 05.11.1992 entfernte der Angeklagte einen Kellerrost des Wohnhauses der Familie Kaiser in Badenweiler und stieg durch den Kellerschacht in das Haus ein, nachdem

er zuvor ein Kippfenster ausgehängt hatte. In dem Haus entnahm er den Geldbeutel des Herrn Kaiser, in dem sich 150,00 DM Bargeld, eine Euroscheckkarte, der Fahrzeugschein für den Pkw Mercedes-Benz und der Führerschein sowie der Bundespersonalausweis des Herrn Schneider befanden. In der Nacht vom 05./06.11.1992 schraubte der Angeklagte das Schloss der Kellertür des Landgasthofes „Schwanen" in Badenweiler ab und gelangte durch diese Kellertür in den Gasthof. Dort brach er den Rolladen eines verschlossenen Schreibtisches auf, entwendete Münzen im Wert von 10,50 DM eine Rolle Bargeld, eine Geldtasche mit 200,00 DM Bargeld, einen Fotoapparat Canon im Wert von 450,00 DM sowie eine Jeanshose. Nachdem er den Gasthof verlassen hatte, begab er sich zum Parkplatz des Landgasthofes und schraubte die an dem dort abgestellten Pkw Audi befindlichen Kennzeichenschilder ab, um diese an dem zuvor entwendeten Opel Astra zu befestigen.

9. Am 06.11.1992 fuhr der Angeklagte mit dem Opel Astra nach Todtnau und mietete

ein Zimmer in der Pension der Familie Reichert, nachdem er den Meldeschein mit den Personalien des Herrn Weißschuh ausgefüllt hatte und mit den Namenszügen des Herrn Weißschuh unterschrieben hatte, um seine wahre Identität zu verbergen.

10. Nachdem der Angeklagte am 08.11.1992 aus der Pension der Familie Reichert ausgezogen war und unbemerkt einen Haustürschlüssel an sich genommen hatte, gelang es ihm zwischen 16.00 Uhr und 11.30 Uhr des darauffolgenden Tages unter Zuhilfenahme dieses Schlüssels, in die Pension einzudringen. Dort nahm er den Zündschlüssel für den in der Garage abgestellten PKW Renault an sich und fuhr mit diesem Pkw, der zu diesem Zeitpunkt einen Wert von 28 500,00 DM hatte, davon. Die zuvor entwendeten Kennzeichenschilder wurden von ihm an den Pkw Renault angebracht, damit der entwendete Pkw nicht als solcher erkannt wurde.

11. Am späten Abend des 08.11.1992 mietete der Angeklagte unter Vortäuschung seiner Zahlungsfähigkeit und -willigkeit für einige Nächte ein Zimmer in dem Haus

„Roseneck" in Todtmoos, wobei er den Meldeschein mit den Personalien des Alexander Bernnet ausfüllte und mit einem unleserlichen Kürzel unterschrieb. Hiermit wurde von dem Angeklagten erneut eine Verbergung seiner Identität bezweckt, um der berechtigten Forderung des Pensionsinhabers zu entgehen. Im Vertrauen auf seine Zahlungsbereitschaft und- fähigkeit wurde ihm das Zimmer in der Folgezeit überlassen. Der vorgefassten Absicht entsprechend verließ der Angeklagte die Pension am 11.11.1992, ohne die Rechnung in Höhe von 113,30 DM zu bezahlen.

12. Am 13.11.1992 fuhr der Angeklagte mit dem entwendeten Renault nach Löffingen zu der dort befindlichen Gaststätte „Römischer Hof" . Unter Vortäuschung seiner Zahlungsfähigkeit und -willigkeit mietete er in der Gaststätte für zwei Tage ein Zimmer, das ihm im Vertrauen auf Zahlungsbereitschaft und -fähigkeit überlassen wurde. Vorgefasster Absicht entsprechend verließ der Angeklagte am 15.11.1992 die Gaststätte, ohne zuvor die für die Beherbergung entstandenen Kosten

in Höhe von 105,00 DM entrichtet zu haben.

13. Nachdem er die Gaststätte an diesem Tag verlassen hatte, kehrte er in der Nacht vom 15./16.11.1992 zurück und drückte die frühere Stalltür der Gaststätte „Römischer Hof" auf, um auf diese Weise in das Gebäude zu gelangen. In der Gaststätte öffnete er gewaltsam zwei Sparschweine und entnahm das darin befindliche Bargeld in Höhe von 80,00 DM und verließ mit diesem Geld, mit mehreren Schlüsseln, zwei Jeans, einem Pullover, einem Fleischmesser, zwei Flaschen Schnaps, einem Kilogramm Bierschinken, ein paar Herrenschuhen, einem Rucksack, fünf Herrenhemden, acht Slips und acht paar Socken die Gaststätte.

14. Am 16.11.1992 gegen 16.00 Uhr mietete der Angeklagte im „Schwarzwaldhotel" in Bonndorf unter Vorspiegelung seiner Zahlungsfähigkeit und -willigkeit ein Zimmer und füllte den Meldeschein mit den Personalien des Oliver Vonderstraß aus und unterzeichnete den Meldeschein mit diesem Namen, um der berechtigten Forderung zu entgehen. Im Vertrauen auf seine Zahlungsbereitschaft und - willigkeit

wurde ihm das Zimmer überlassen, das er in der Nacht zum 20.11.1992 ohne Bezahlung in Höhe von 413,30 DM verließ.

Am 20. 11.1992 wurde der Angeklagte festgenommen.

9. *Mit Urteil vom 21.02.2001, rechtskräftig seit dem 01.03.2011, verurteilte das Amtsgericht Freiburg den Angeklagten wegen vorsätzlichen Fahrens ohne Fahrerlaubnis in zwei Fällen in Tatmehrheit mit vorsätzlichem Fahren ohne Fahrerlaubnis in Tateinheit mit Diebstahl zu einer Gesamtfreiheitsstrafe von 7 Monaten, deren Vollstreckung für die Dauer von 2 Jahren zur Bewährung ausgesetzt wurde. Zeitpunkt der letzten Tat war insoweit der 12.08.2000.*

Die Kammer hat in der Berufungshauptverhandlung folgenden Sachverhalt festgestellt: Der Angeklagte und die Zeugin kannten sich seit einem gemeinsamen Kuraufenthalt im Jahr 1998. Vom 06.08.2001 bis zum 11.08.2001 besuchte der Angeklagte die Zeugin in Leipzig. Die Zeit vom 07.08.2001 bis zum 11.08.2001 verbrachte man dann gemeinsam auf dem in der Nähe befindlichen Grundstück. Zu einem nicht näher feststellbaren Zeitpunkt zwischen dem Abend des 06.08.2001 und dem Vormittag des 10.08.2001 entwendete der Angeklagte aus einer Stahlkassette, welche sich in der Wohnung der Geschädigten befand, zwei Euroscheckformulare, darunter ein EC-Scheckformular, welches von der Geschädigten bereits unterschrieben war. Am Vormittag des 10.08.2001 begab sich der Angeklagte sodann mit dem zuletzt genannten entwendeten Scheckformular zur Bank der Geschäftsstelle. Der Angeklagte setzte einen Betrag von 800,00 DM ein und füllte das Scheckformular aus. Aufgrund der Vorlage des Schecks wurden dem Angeklagten 800,00 DM ausgezahlt, die er für eigene Zwecke verwendete. Zu dieser Handlung war der Angeklagte nicht berechtigt, was er auch wusste.

Die Feststellungen zum Sachverhalt beruhen auf folgendem Beweisergebnis:

Der Angeklagte hat sich wie folgt eingelassen.

1.Er kenne die Geschädigte von einer gemeinsamen Kur her. Die fragliche Woche habe man sehr harmonisch auf dem Gartengrundstück gemeinsam verbracht. Am Freitag, den 10.08.2001 habe ihm die Geschädigte das blanko unterschriebene Scheckformular übergeben. Er hätte für sie Geld abholen sollen. Da sie aber nicht gewusst habe, wie viel Geld er mitbringen solle, habe er sie dann aus dem Allee-Center angerufen und auf ihre Weisung hin den Betrag eingesetzt. Die 800,00 DM habe er vollständig übergeben.

2. Die Einlassung des Angeklagten zum Sachverhalt ist widerlegt durch die Bekundungen der Zeugin. Die Zeugin gab an, den Angeklagten seit einer gemeinsamen Kur im Jahr 1998 zu kennen. Die Zeit vom 06.08.2001 bis 11.08.2001 habe man gemeinsam in Leipzig verbracht. Der Angeklagte sei 06.08.2011 in ihrer Wohnung eingetroffen. Vom 07.08.2001 bis 11.08.2001 habe man sich auf dem Gartengrundstück aufgehalten. Der Angeklagte habe sich mehrfach mit ihrem Pkw vom Grundstück entfernt, u.a. zum Brötchen holen und zum Telefonieren. Am Freitag sei er u.a. für

zwei Stunden weg gewesen. Als er anschließend auf das Gartengrundstück zurückgekommen sei, habe er ihr als Geschenk drei Musik -CDs mitgebracht. Die Woche sei sehr harmonisch verlaufen. Es gab zu keinem Zeitpunkt Streit. Die Ausgaben, die sie in dieser Zeit gehabt hätten, in Höhe von 250,00 DM, habe komplett der Angeklagte getragen. Als sie dann am Montag bei ihrer Sparkassenfiliale die Kontoauszüge geholt habe, habe sie feststellen müssen, dass von ihrem Konto unberechtigt 800,00 DM per Scheckeinlösung abgehoben worden waren.

3. Die Kammer hat keine Zweifel, dass die Bekundungen der Zeugin der Wahrheit entsprechen. Die Zeugin machte ihre Angaben ruhig und sachlich sowie ohne jeglichen Belastungseifer. So gab die Zeugin auch Details an, die für den Angeklagten sprechen, insbesondere die komplette Bezahlung der gemeinsam verbrachten Woche auf dem Wochenendgrundstück. Die Kammer schließt es aufgrund des persönlich gewonnenen Eindrucks aus, dass es sich insoweit um eine schauspielerische

Leistung der Zeugin handeln könne. Es ist für die Kammer auch keinerlei Motiv ersichtlich, warum die Zeugin den Angeklagten zu Unrecht belasten sollte. Insbesondere scheidet auch enttäuschte Freundschaft als Motiv für eine Anzeige aus. Nach übereinstimmenden Angaben des Angeklagten und der Zeugin gab es in deren Beziehung bis zur Feststellung der Abhebung von 800,00 DM durch die Zeugin keinerlei Spannung.

Der Angeklagte hat sich daher des Diebstahls schuldig gemacht in Tateinheit mit Urkundenfälschung. Tatmehrheit scheidet nach Ansicht der Kammer in der vorliegenden Konstellation aus. Die Kammer geht insoweit zugunsten des Angeklagten davon aus, dass sein Tatentschluss von vornherein auch die Urkundenfälschung mit umfasste. Zulasten des Angeklagten war zu berücksichtigen, dass der Angeklagte in der Vergangenheit bereits vielfach strafrechtlich in Erscheinung getreten ist und zum Tatzeitpunkt unter Bewährung stand, wobei nicht übersehen werden durfte, dass die meisten Straftaten des Angeklagten nunmehr bereits zehn Jahre oder länger zurückliegen.

Unter Abwägung aller für und gegen den Angeklagten sprechenden Umständen erachtete die Kammer die Verhängung einer Freiheitsstrafe von 6 Monaten als tat- und schuldangemessen.Die Vollstreckung der verhängten Freiheitsstrafe konnte nicht zur Bewährung ausgesetzt werden. Die Voraussetzungen hierfür liegen nicht vor. Die Kammer hat keine begründete Erwartung, dass sich der Angeklagte allein die Verurteilung zu einer Freiheitsstrafe ohne deren Vollstreckung zur ausreichenden Warnung dienen lassen könnte, um in Zukunft keine weiteren Straftaten zu begehen. So ist der Angeklagte in der Vergangenheit zwischen 1986 und 1994 bereits vielfach zu empfindlichen Strafen, darunter mehrfach zu Freiheitsstrafen ohne Bewährung, verurteilt worden. Zwar hat sich der Angeklagte nach seiner Haftentlassung im Jahr 1996 bis zum Jahr 2000 straffrei geführt. Im Hinblick hierauf hat das Amtsgericht Freiburg sicherlich zu Recht eine neue Chance zur Bewährung bezüglich der verhängten Gesamtfreiheitsstrafe von 7 Monaten eingeräumt.Diese Chance hat der Angeklagte jedoch nicht genutzt. Vielmehr hat er etwa sechs Monate nach der

Verurteilung durch das Amtsgericht Freiburg die hier zugrunde liegende Straftat begangen. Die Kammer ist daher der Überzeugung, dass die Vollstreckung der verhängten Freiheitsstrafe unbedingt erforderlich ist."

Für mich stellte dieses Schriftstück einen sehr bedeutsamen Fund dar. Einerseits wusste ich jetzt, was passiert war und warum er wieder im Gefängnis endete. Andererseits erfuhr ich darin mehr, als ich viele Jahre hindurch versucht hatte herauszufinden. Ich hielt ein Stück Wahrheit in Händen. Mehr oder weniger. Den n unter der Straffreiheit, von der die Rede war, hatte ich nichts mitbekommen. Ich nahm das Schreiben an mich und verwahrte es. Dummerweise versuchte ich später mit Sven darüber zu reden, und als er erfahren hatte, dass ich diesen Bericht besaß, wurde er ziemlich wütend und ausfallend und stellte mir Bedingungen, bis wann ich ihm das Schreiben auszuhändigen hätte. Aber fürs Erste war er wieder gut untergebracht, und ich wusste ihn versorgt. Ein paar Monate Ruhe und keine Möglichkeiten mehr für ihn, erneut straffällig zu werden.

„Beim Spiel kann man einen Menschen besser kennenlernen als im Gespräch in einem Jahr."
Plato

Annonce

Sven stellte einen Antrag beim Sozialamt, dass dieses die Miete für sieben Monate übernehmen solle, bis er eben wieder raus sei. Er wollte die Wohnung einfach nicht räumen. Schließlich mussten wir vor Gericht, damit er einwilligte die Wohnung zu verlassen. Obwohl sie zu der Zeit schon leer war und wir am Renovieren. Natürlich mussten wir raus, und da er seit ewigen Zeiten keine Miete mehr bezahlt hatte wurde dann auch noch mein Konto gepfändet. Auch unser Sohn wurde im Kindergarten eingewöhnt zu dieser Zeit. Und als ich eines Morgens bis über beide Ohren am Renovieren war, rief auf dem Handy bei mir in Umkirch der Sozialarbeiter an. Ich hatte mich geweigert Sven im Gefängnis zu besuchen, abgesehen davon hatte ich auch gar keine Zeit dazu. Deshalb hatte Sven den Herrn bearbeitet. Dieser stellte mir die Frage, ob ich Hilfe bräuchte, ob ich nicht vorbeikommen wolle, um ein klärendes Gespräch zusammen mit Sven zu führen. Ich sagte ihm, ich hätte keine Zeit und kein Interesse, und legte auf. Postwendend klingelte es wieder, und er war abermals dran. Da sagte ich zu ihm, wenn er mir wirklich helfen wolle setze er sich jetzt in sein Auto, fahre nach Umkirch und helfe mir die Wohnung zu streichen. Kennengelernt haben wir uns nie. Einige Tage später rief dann der Pfarrer des Gefängnisses an, und was lag näher als den Bibelspruch „Wer ohne Sünde ist, werfe den erste Stein" anzuwenden? Als ich darauf hinwies, ich würde keinen Besuch im Gefängnis machen. Was der Hintergrund seines Anrufes war. Aber aufgrund meiner Resistenz blieb auch dieser Anruf ohne Erfolg. Natürlich bekam ich jedoch Briefe. Jede Menge Briefe aus dem Gefängnis. Es ging darum, was Sven alles brauchte. Was er alles von mir brauchte. Was ich alles zu geben hatte. Ihm zu geben hatte. Gib mir Liebe, gib mir Zuwendung, Aufmerksamkeit. Stoß mich nicht fort, gib Liebe, und kümmere dich um mich. In diesem Jahr fing mein Sohn an Kleider zu tragen. Ich dachte mir dabei nichts. Ich war froh, dass er so gut im Kindergarten zurechtkam, dass es mit ihm ganz akzeptabel lief, trotz all der Veränderungen. Dennoch ist mein Gewissen angeschlagen. Ich versuch ihm gerecht zu werden, und dann macht er an zwei Tagen hintereinander in die Hose, und schon denke ich, hat das was mit unseren Umständen zu tun? Mit dem, was wir leben, was er ertragen muss? Und du strengst dich noch mehr an und bist noch besorgter um das Kind. Dann kam ein Brief von Sven, welcher einen Flyer enthielt. Einen Flyer von der Straffälligenhilfe: „Haben Sie einen Partner, der im Gefängnis ist? Wir sind der Ansprechpartner in solch einem Fall." Sven schrieb:" Wäre das nicht vielleicht was für dich? Womöglich kann man dir dort helfen." Ich rief tatsächlich dort an, und es nahm auch eine Frau ab. Ich stellte mich vor und sagte kurz, warum ich anrief. Sofort wurde mir mitgeteilt: „Sie brauchen Hilfe? Dann kommen Sie morgen um 10.00 Uhr vorbei." Zuerst war ich mal ruhig, damit hatte ich nicht gerechnet, sofort und schnell und unkompliziert einen Termin. Das konnte ich fast nicht fassen, aber ich sagte dem Termin zu. Aus diesem einen wurden viele nachfolgende. Termine mit Sven zusammen, bei denen wir gemeinsam besprachen, was unsere Probleme sind und wo wir hinwollten. Aber auch Termine mit mir und unserem Sohn und anderen betroffenen Kindern. Zusammen mit anderen betroffenen Frauen teilten wir ab dieser Zeit einmal im Monat unsere Geschichte, den Kaffee, die Hoffnung, dass es bald ein Danach, ein Nach-dem-Gefängnis gab, und auch die Enttäuschung, wenn alles Durchhalten in dieser Zeit nur zu einer Trennung am Ende führt. Nicht nur mir schrieb Sven in dieser Zeit viele Briefe. Auch sein Onkel erhielt etliche davon.

„Lieber Helmut,
zunächst einmal ein ganz großes Danke für das, was Du bisher für mich getan hast. Ich weiß, dass es sehr viel ist und dass Du Katharina sehr viel hilfst. Ich habe probiert noch so viel zu machen wie möglich. Hatte am Sonntagabend noch riesen Krach mit Katharina. Sie hat mir vieles an den Kopf geworfen. Sicherlich auch zu Recht, in vielen Dingen. Bin so gegen 23.00 Uhr zu Hause gewesen. Habe dann die ganzen Schubladen

ausgeräumt. Spülmaschine und Waschmaschine noch laufen lassen. Dann war es schon früher Morgen. Hab noch kurz geschlafen und bin dann um 8.30 Uhr aufs Rathaus. Dort habe ich eineinhalb Stunden verbracht und daraufhin erfahren, dass die Frau nicht kommt. Bin dann nach Freiburg und habe Katharina noch geholfen, bis ich gehen musste. Es tat sehr weh, und ich bekam sogar Tränen in die Augen. Ich musste alles zurücklassen, wie es war. Und glaube mir, es war ein schwerer Gang. Vor allem wegen Bennet und Katharina, auch wegen Dir.

Durfte bloß am Montag mit Katharina telefonieren, und es war das reinste Fiasko. Sie hat nur geschrieen und mir vieles an den Kopf geworfen. Ichhabe in keinen Schuh mehr gepasst. Ich kann sie ja auch verstehen, musste aber gehen, sonst hätten mich die Polizisten geholt. Auch mit meinem Chef habe ich telefoniert und geschrieben. Weißt Du, ich verstehe Katharina ja. Doch wenn sie mich jetzt hängen lässt, dann muss ich die ganze Zeit drinnen bleiben und den Freigang abschreiben. Was das bedeutet, kann ich Dir sagen. Dann werde ich entlassen, wenn alles rum ist, und dann sitze ich auf der Straße.

Habe auch Jürgen geschrieben und ihn gebeten mich wieder einzustellen. Ich würde dann nach Rottweil gehen und dort vom Freigang aus immer nach Tuttlingen fahren zur Arbeit und am Wochenende nach Freiburg. Könnte mir dann eine Wohnung suchen. Nun habe ich zwei Bitten an Dich. Sprich doch mal mit Katharina, damit sie mich dabei unterstützt, in der ganzen Sache. Auch dass sie zu mir hält und da ist am Wochenende, bis ich eine Wohnung beziehungsweise ein Zimmer gefunden habe. Auf jeden Fall nicht mehr so schreien, weil letztes Mal der Sozialarbeiter zugehört hat, und dieser muss einen Bericht schreiben über das soziale Umfeld, zwecks Freigang.

Die zweite Bitte wäre, dass Du Mal mit Jürgen, meinem ehemaligen Chef, sprichst. Habe ihm zwar schon alles erzählt und ihn gebeten wegen einer Einstellung. Dies ist meine letzte Chance wegen Arbeit. Du weißt, ich möchte nur die Schulden bezahlen, und das Wichtigste ist Katharina und Bennett zu unterstützen.

Wie lange ich noch hier bin, hängt nun von allem ab. Eben von einem Job und dem sozialen Umfeld. Ich wäre Dir sehr dankbar, wenn Du dies tun könntest. Die Adresse von

Jürgen schreibe ich Dir auf. Telefonnummer müsstest Du bei der Auskunft bekommen. Erzähle aber bitte nicht, dass ich früher schon mal in Haft war. Ja, das war ich schon Mal, aber dieses mal ist es viel schlimmer wegen der Familie. Über einen Besuch würde ich mich sehr freuen. Man muss bis Offenburg fahren und von dort bis Kehl. So, Helmut, dies soll es gewesen sein, in diesem Sinn wäre ich Dir dankbar, wenn Du dies tun könntest. Tausendmal Dank sendet Sven"

Auch bei uns ging der Gefängnisaufenthalt einmal zu Ende. Kaum dass sich alles wieder beruhigt hat, kommt er wieder raus. Hat aber natürlich jetzt keine Unterkunft mehr. Was liegt da nicht näher und auf der Hand? Er zieht wieder bei mir ein. Wundersamerweise, vor allem für mich, ist seine Stimmung ausgesprochen gut. Er unternimmt viel mit seinem Sohn, wobei das Erste, was er zu ihm sagt, nachdem er ihn bei einem Urlaubstag wiedersieht, ist: „Wenn du ein Kleid anhast, gehe ich mit dir nicht auf die Straße, da musst du dich vorher umziehen." Er ist aufgeräumt und ausgeglichen. Seit langer Zeit geht es zwischen uns beiden mal wieder etwas bergauf. Das Einzige, was meine Stimmung trübt, ist, dass ich immer auf der Hut bin und ständig damit rechne, wieder abzustürzen. Sven hat zuerst eine Arbeit, die aber bald Schnee von gestern ist. Ich habe viele Ruhezeiten und schöne Momente mit unserem Kind. Nach den vergangenen Ereignissen bin ich mir gewiss, ich überlebe alles, und jetzt ist es überstanden, und nie wollte ich mehr als ruhige Zeiten. Auch als Sven einmal ein Wochenende unerreichbar und abwesend ist, beunruhige ich mich nicht gleich. Aber der nächste Absturz ist bereits passiert, nur bekomme ich es etwas zeitverzögert mit. Dann jedoch mit voller Wucht. Wieder erfuhr ich auf der Bank, das smein Sparbuch abgeräumt wurde. Nachforschungen ergaben, „jemand" hat von meinem Girokonto auf seines Geld überwiesen. Natürlich mit gefälschter Unterschrift. Ich sah mir die Überweisung an, und es war Svens Unterschrift. Als ich von der Anzeige bei der Polizei nach Hause kam, war Post für Sven da. Ein Herr hatte Anzeige gegen ihn erstattet, er solle zu einer Vernehmung erscheinen. Seltsam, aber mich lässt die ganze Sache eigenartig emotionslos.

Bin ich schon abgestumpft von all dem Vorhergegangenen? Was ihn betraf. In meinem Inneren war ich eher ruhig und gelassen. Auf meinem Weg mit ihm, der so voller dunkler Ungewissheit, Voller Ängsten voll seiner Macht war. Der mich zwang alles mir Vertraute und Bekannte, meine ganze Persönlichkeit infrage zu stellen. Der von mir verlangte mich anzupassen an das, was gerade aktuell war. Der es erforderte, jeden Tag neu auch über mich nachzudenken. Hatte ich das Wichtigste gefunden, was es zu entdecken gab. Ich hatte mich gefunden. Mein Ich, mein Alleinsein in der Welt, mein Anderssein. Da ich durch ihn so sein konnte, wie ich wirklich war. Er hat mich dazu geführt, mein Ich zu leben. Nicht mehr das schüchterne kleine Ding, das keinen Pieps sagen kann. Sondern eine Frau, die Türen öffnet, hinter denen nicht immer nette Polizisten stehen, die Briefe lesen kann voller Drohungen über die Zukunft, die mit Bankangestellten redet, ohne den Blick zu senken. Die einen Gerichtssaal betreten kann, ohne zitternde Knie zu bekommen, in ein Gefängnis geht, als wäre es der Bus, auf den sie gewartet hat, die an der Kasse sagen kann, bei zwanzig machen sie halt, mehr

Geld habe ich nicht, ohne leiser zu reden, und die morgens ihre Nachbarn fröhlich lachend begrüßt, auch wenn diese genau wissen, dass die Polizei am Tag davor da gewesen ist. Was kann mich noch erschüttern. Ich weiß jetzt, wer ich bin, was mein Anteil an der Geschichte ist, und ich weiß dass ich immer das mir Mögliche, Beste getan habe. Ich lass mir nicht einreden mich schämen zu müssen, weil ich eine Knastbraut bin. Auch das bin ich, damit komm ich klar. Aber ich bin noch so viel mehr und so viel anderes. Und all meine Seiten durfte ich durch meine Geschichte erfahren. Ich hätte auch den anderen Weg gehen können. Mit ihm zusammen wie Bonnie und Clyde. Aber das war nicht ich. Oder ich hätte zum wohltätigen Samariter werden und mich total aufgeben können in der Hoffnung, ihn zu retten.... aber mein Weg war ein anderer, und er hat ihn mir gezeigt. Auch hat er mir gezeigt, das ich jemand bin, der wichtig ist. Für ihn hatte ich eine große Bedeutung. Für ihn war ich sehr wichtig. Er gab mir nie das Gefühl, unerwünscht zu sein. Auch heute noch. Jedoch bestehe ich darauf, dass er sich jetzt so schnell wie möglich eine eigene Wohnung sucht. Er muss bei mir raus. Ich will keine Polizei mehr bei mir sehen oder Sonstiges. Und wirklich findet er auch ziemlich bald eine Zweizimmerwohnung in Waldkirch. In der er ohne Beanstandungen einzieht. Was nicht heißt, es würde bei mir zu Hause ruhiger. Nachts um zwei klingelt er, und ich mache blöderweise auf. Man kennt das ja. Nachbarn, Kind. Sven kommt rein und fängt gleich an mich zu beschimpfen und mir mitzuteilen, ich wäre an allem schuld. An seiner ganzen Misere. Auch hat er meine Kälte gepriesen. Geheult hat er ebenfalls. Ich war nur froh, dass unser Sohn schlief. Es war schon so weit, dass ich die Polizei anrufen wollte, damit sie ihn bei mir rausholen. Dann hat er mir aber das Handy abgenommen und den Akku entfernt. Ich war so sauer. Ich ging auf ihn los und brachte es wirklich fertig, dass er stürzte und ich auf ihm sitzen konnte. Was aber nur dadurch zustande kam, dass ich noch auf einer am Boden liegenden Matratze schlief. Über die stolperte Sven, als ich auf ihn losstürmte, und fiel darauf nieder. Ich habe ihn geschüttelt und ihm mitgeteilt, dass er jetzt aufhören wird. Er wurde dann friedlich, und selbstverständlich tut ihm jetzt alles wieder leid. Ich bekam als Entschuldigung eine

Konzertkarte von ihm geschenkt mit der Option, dass er während des Konzertes auf unseren Sohn aufpasst. Ich wollte eigentlich nicht hin, da ich ein schlechtes Gefühl dabei hatte, ihn allein in meiner Wohnung und bei meinen Sachen zu lassen. So war es dann auch nicht weiter verwunderlich, als ich entdeckte, dass das Schloss zu meinem Koffer anschließend aufgebrochen war. Es waren zwar nur zehn Euro drin gewesen, die auch fehlten, aber es war trotzdem nicht angenehm für mich. Sven wusste natürlich nichts von der Angelegenheit. Da wir uns gerade in der Küche aufhielten, als ich ihn darauf ansprach und mir dieses ständige Ich-bin-die-Unschuld-vom-Lande-Getue auf die Nerven ging, schüttete ich ihm spontan ein Glas Wasser ins Gesicht. Zum Abkühlen und Besser-nachdenken-Können. Aber danach fiel ihm auch nichts dazu ein. So musste ich meine Tat leider wiederholen. Was mir natürlich schrecklich leidtat und ich nie wieder tun würde. Danach behauptete er, dass er meine Mutter aus meiner Wohnung habe kommen sehen, als ich nicht da war und er uns hat besuchen wollen. Da sie ja einen Zweitschlüssel habe, könne sie rein.

Ich mache mich auf die Suche nach einer Suchtberatungsstelle, finde auch eine und mache einen Termin für mich aus. Bis Günterstal muss ich dafür fahren, aber es ist direkt an der Haltestelle. Nachdem ich dort eingetreten bin, komme ich auch gleich dran und erzähle mein Problem. Hauptsächlich weise ich darauf hin, dass mein Partner unter einer schweren Spielsucht leidet. Wie ich darauf komme, will die Beraterin wissen. Ich erkläre ihr, dass es dafür Anzeichen gäbe und die wären, dass wir nie Geld hätten sondern dass im Gegenteil ständig Geld fehle und nichts für dieses Geld angeschafft würde. Kein Auto, keine Elektrogeräte oder sonstige teure Sachen. So bleibt die Frage, wofür man so viel Geld ausgeben kann, ohne dass man dafür etwas in der Hand hält. Erstens für Frauen, zweitens fürs Spielen. Die Suchtberaterin weiß noch was Drittes. Heroin. Ich weise sie darauf hin, dass ich keine Einstichstellen dafür gesehen hätte, bei Sven. Das war wohl mein Fehler gewesen. Denn den Rest der Stunde verbringe ich damit, mir anzuhören, wie Heroinsüchtige ihre Sucht verheimlichen können. Mit Spritzen unter die Zunge. Oder in die Fußsohle. Das war die einzige Stunde, die ich dort verbracht hatte. Einen neuen Termin machte ich nicht aus.Dann wurde ich krank, hatte eine lange Zeit hindurch immerfort Seitenstechen. Ich war oft beim Arzt, und es wurde nichts gefunden. Trotzdem tat ich jeden Tag das, was anstand. Bis ich schließlich in einer Röhre untersucht wurde und herauskam, dass meine Eierstöcke entzündet waren. Meine Hausärztin sagte mir, ich müsse sofort einen Termin bei der Frauenärztin ausmachen. Den bekam ich für zwei Wochen später. Aber als meine Hausärztin das erfuhr, rief sie persönlich die Frauenärztin an, und so bekam ich für den kommenden Tag 8.30 Uhr einen Termin. Ich musste erst das Kind in den Kindergarten bringen und war fünf Minuten vor meinem Termin bei der Ärztin. Diese stand, als ich die Praxis betrat, schon im Flur, sah mich und sagte:" Da sind Sie ja endlich, kommen Sie gleich mit." So eine minimale Wartezeit hatte ich noch nie zuvor erlebt, und von daher wusste ich, dass das nichts Gutes bedeuten konnte. Von der Frauenärztin wurde ich gleich in die Uniklinik geschickt. Der dortige Professor, von dem ich behandelt wurde, meinte, dass die Frauen mit solchen Eierstöcken, die er sonst behandele, nachts mit dem Krankenwagen zu ihm gebracht würden und er müsse dann eine Notoperation durchführen. Da ich aber jetzt schon monatelang so durch die Gegend laufe, überließe er mir die Entscheidung, ob er sofort eine Operation durchführte, denn auf den Monitoren waren meine Eierstöcke nicht nur entzündet, sondern es zeichnete sich auch eine Geschwulst ab, die entfernt werden sollte. Bei einer sofortigen OP würde alles entfernt werden. Oder ob ich erst mal Antibiotika gegen die Entzündung nehmen und danach einen Termin für eine OP bekommen wolle. Dann könne man vielleicht noch etwas von den Eierstücken retten. Ich entschied mich für die Medikamente. Sven half mir in der Zeit etwas, er kam am Morgen und brachte unseren Sohn in den Kindergarten. Damit ich einen Weg weniger hatte. Damit er schneller im Kindergarten war, nahm er mein Fahrrad, das einen Kindersitz hatte. Das Fahrrad stand in unserem Fahrradkeller, der abgeschlossen war. Dafür gab ich ihm meinen Schlüssel mit. Den ganzen Schlüsselbund, an dem auch der Hausschlüssel usw. dran befestigt war. Dann hatte Sven ein Vorstellungsgespräch, welches in Berlin stattfand. Wenn sie ihn einstellen *würden, wäre der Arbeitsplatz in der Schweiz. So sagte er. Meine Entzündung ging zurück, meine Mutter hatte aber schon vor über einem Jahr einen Termin bei einem Heiler in der Nähe von Mainz gemacht. Dieser könnte ungleich lange Beine gleichlang machen. Da ich unter diesem Problem litt, hatte sie für mich diesen Termin gemacht. Und jetzt fand das zwei Tage vor meiner Operation statt. Ich fuhr hin und ließ mir die Beine begradigen, ohne überhaupt berührt zu werden. Zwei Tage später kam ich mit meinem Gepäck in die Klinik, wo zuerst noch mal eine Untersuchung stattfand. Der behandelnde Arzt sagte, also er könne keinen Grund für eine OP sehen. So musste ich mich wieder anziehen und noch mal vom Professor untersucht werden. Dieser sagte dann eine Operation ab, da es keinen Grund mehr dafür gäbe. Sven bekam die Stelle in der Schweiz, was ihn so überraschte, dass er prompt auf meine Bank ging und mit gefälschter Unterschrift versuchte 1.700 Euro von meinem Konto auf das seine zu überweisen. Aber dieses Mal war die Bank vorsichtiger und führte die Überweisung nicht durch, sondern benachrichtigte mich. Ich hatte ihm telefonisch mitgeteilt, dass ich* seinen letzten Bankversucht erfahren hätte, so kam er in der Nacht bei mir vorbei, betrunken und in bester aufmüpfiger Stimmung. Mein Vater hatte immer noch ein Sparbuch bei der Volksbank ,welches auf meinen Namen lief. In der Zeit, in der ich krank gewesen war, kam ein Kontoauszug dieser Bank zu mir. Ich hatte ihn in den Schrank gelegt und vergessen bei meinen Eltern abzugeben. Erst als es mir wieder besser ging, dachte ich an den Kontoauszug und brachte ihn zu seinen Eigentümern. Sven hatte den Auszug anscheinend auch gefunden; in der Zeit in der er mir mit unserem Sohn half, muss er einen Blick darauf geworfen haben, und da es bei der einen Bank nicht geklappt hatte, funktionierte es dann bei der anderen. Von meinen Eltern musste ich Schimpf und Schande ertragen, da eine Überweisung von besagtem Konto auf das von Sven im Wert von 4.000 Euro getätigt worden war. Mit meiner Unterschrift drauf. Durch die Anzeige bei der Polizei wurde die Bank regresspflichtig und musste mir das Geld, welches sie auf Svens Konto fehlüberwiesen hatte, zurückerstatten. Für diese Zurückerstattung war es notwendig, eine

Bescheinigung von der Polizei über die Anzeige bei der Bank abzugeben. Was anscheinend ein kleines Problem darstellte. Zuerst sagte der Polizeibeamte, ich solle bei der Bank sagen, sie sollten ihn deswegen anrufen. Als der Bankangestellte dann anrief, behauptete die Polizei, ich hätte keine Anzeige erstattet. So wurde ich von der Bank angerufen, und ich ging abermals zur Polizeibehörde, um mich nach der Anzeige zu erkundigen. Die Auskunft, welche ich erhielt, lautete, doch es liege eine Anzeige vor und dies würde der Bank mitgeteilt werden. Aber die Mitteilung an die Bank lautete erneut, dass es keine Anzeige gäbe. So ging es abermals zur Polizei, wo tatsächlich die Anzeige nicht mehr aufzufinden war. So machte ich die selbe Anzeige ein zweites Mal und ließ mir dieses Mal eine schriftliche Bescheinigung dafür geben. Als ich bei der Polizei vor die Tür trat, auf dem Parkplatz stand, einen Blick auf die Bescheinigung warf, konnte ich es fast nicht begreifen. Als Datum, wann ich die Anzeige gemacht hätte, stand eines darauf, welches vier Tage vor der Straftat lag. Ich drehte um und legte im Gebäude den Zettel mit dem verfrühten Datum auf den Tisch; der

Polizist nahm den Zettel mit und gab mir eine Bescheinigung, diesmal mit dem richtigen Datum. Leider behielt er das Blatt mit dem falschen Datum. Zu gerne hätte ich dieses aufgehoben. Mit dem Schreiben erhielt ich daraufhin die Hälfte des Geldes erstattet. Am 27.04.2006 fand dann eine Gerichtsverhandlung statt wegen der drei Anzeigen, die ich gegen Sven gemacht hatte. Wegen Urkundenfälschung und Betrug. Ich erhielt über einen Anwalt, den ich einschalten musste, von der Bank einen Brief, in dem sie darauf hinwies, dass sie aus Kulanzgründen und ohne Anerkennung einer Rechtspflicht eine Einmalzahlung an mich vorzunehmen gedachten. Denn:" Es bleibt offen, ob nicht Ihre Mandantin, die schließlich die Lebensgefährtin des Beschuldigten war, nicht den ihr entstandenen Schaden mitverschuldet hat." Ich musste vor der Tür warten, bis ich aufgerufen wurde, bin und dann als Zeugin aussagen. Nachher durfte ich im Saal bleiben und weiter zuhören. Währenddessen erfuhr ich, dass Sven einen Tag, bevor er „mein" Konto geplündert hatte, eine Gerichtsverhandlung in Staufen gehabt hatte. Bei dieser Verhandlung bekam er sieben Monate auf Bewährung. Außerdem sagte der Richter, Sven hätte eine Kostenzusage für eine Therapie gehabt und dann die Therapie nicht angetreten. Am Ende wurde er für ein Jahr und fünf Monate wegen meiner Sachen verurteilt, die sieben Monate kamen dann noch dazu. Sven hat auf dieses Urteil mit einer Einreichung einer Berufung reagiert. Da ich gerade so schön dabei war, mich aufzulehnen und einen Anwalt hatte, versuchte ich auch gleich in einem Aufwasch Svens Anteil am Sorgerecht für unseren Sohn streichen zu lassen.

„Nachdem Sie ohne jegliche Berechtigung mehrfach Vermögenswerte unserer Mandantin durch Vorlage gefälschter Unterlagen - namentlich der Sparda-Bank, der Volksbank, der BHW-Bausparkasse sowie der Fonds - Gesellschaft Deka - für sich vereinnahmt haben, weshalb gegen Sie bereits Strafverfahren erstinstanzlich geführt wurden, haben Sie sich nicht als hinreichend geeignet erwiesen, weiterhin Sorge für Ihr Kind zusammen mit unserer Mandantin auszuführen." In der Zeit erhielt ich auch viele SMS von Sven sowie sonstige Anrufe, und alles mit Drohungen seinerseits. Einmal ging er mit unserem Sohn auf den Spielplatz, nahm ihn dabei zur Seite und redete ein ernstes Wort mit ihm. In dem Sinn, dass er aufzupassen habe, was die Mama mache, dass diese sich mit keinem anderen Mann zu treffen habe und kein neuer Mann bei ihr einziehe. Er solle alle ablehnen und vertreiben. Daraufhin hielt ich es nicht mehr für ratsam, dass unser Sohn Kontakt zu seinem Vater habe, und unterband all diese Versuche von seiner Seite aus. Auch reagierte ich nicht auf die von Sven geschriebenen SMS-Nachrichten für gemeinsame Treffen usw. Ließ alles einfach unbeantwortet. Natürlich brauchte Sven auch einen Anwalt, und als ich von diesem dann ein Schreiben erhielt, war ich doch sehr erstaunt den Namen des Anwaltes unter dem Schreiben zu finden, welcher bei den Treffen der Anonymen Alkoholiker in der Justizvollzugsanstalt Freiburg zuerst mit anwesend gewesen war, später dann wegen des Reinschmuggelns von Rauschgift für diese Treffen gesperrt worden war. Ich hatte bis dahin keine Ahnung davon gehabt, dass die beiden noch in Kontakt standen. Dieser Anwalt rief mich auch einmal an, um mit mir über unsere Beziehung zu reden und ein gutes Wort für Sven einzulegen.

„Uns liegt Ihr Schreiben vor. Hierzu teilen wir Ihnen mit, dass unser Mandant dem von Ihnen angekündigten Antrag auf Übertragung des Sorgerechts entgegentreten wird. ....

Abschließend erlauben wir uns, Sie zu bitten, Ihre Mandantin darauf hinzuweisen, dass Ihre Mandantin Kontaktaufnahmen unseres Mandanten mit seinem Sohn nicht verhindern darf. Unser Mandant teilt uns hinsichtlich des Umgangs mit, dass er mehrfach versucht habe seinen Sohn telefonisch zu kontaktieren und ihm hierrauf die Mutter am Telefon gesagt habe, der Sohn sei für seinen Vater nicht zu sprechen. Gleichsam brachte Ihre Mandantin den gemeinsamen Sohn nicht zu den vorab per SMS vereinbarten Treffen."

In der Gerichtsverhandlung vor dem Familiengericht wies ich auch ausdrücklich darauf hin, dass Sven, wenn er seinen Sohn abholt, mit diesem im Auto herumfährt, obwohl er immer noch keinen Führerschein erworben hat. Und diesen vom Gericht aus auch nicht erwerben darf. Geschweige denn ohne Fahrerlaubnis fahren darf. Aber Svens Standardspruch auf die Frage nach dem Führerschein war immer wieder die Antwort:

„ Ein Auto fährt mit Benzin, nicht mit einem Führerschein. " Was er sich natürlich nur mir gegenüber zu äußern traute, nicht vor dem Richter.

Das Ende der Verhandlung bestand dann darin, dass mir die alleinige Vermögenssorge sowie das Aufenthaltsbestimmungsrecht zugesprochen wurde, Sven bekam regelmäßigen Kontakt zuerkannt und sicherte zu die Zeit mit seinem Sohn kindgerecht zu gestalten, mit ihm zusammen keine Fahrzeuge zu führen.

Auch ging ich beim Jugendamt vorbei wegen der Unterhaltskosten für unseren Sohn,die Sven ja nicht bezahlte. So erhielt ich von dort sieben Jahre lang Unterhaltsvorschuss.

Vielleicht vergingen daraufhin zwei Monate, da kam ein Anruf aus Waldkirch von der Polizei. Ob ich nicht mal vorbeikommen könnte. Es gäbe ein paar Fragen an mich. Sven beaufsichtigte an dem Nachmittag unseren Sohn auf dem Spielplatz in Waldkirch, und ich ging zur dortigen Polizei. Mir wurden Überweisungsträger vorgelegt. Es stand der Name eines Mannes drauf, den ich nicht kannte. Aber es war Svens Schrift, was ich auf Nachfrage des Polizisten auch bestätigte. Es wurde mir mitgeteilt, dass Sven *mit gefälschter Unterschrift 1.300 Euro von dem Konto dieses Herrn auf das seine überwiesen hätte. Als ich ihn nachher darauf ansprach, bestritt er alles. Ich fuhr mit unserem Sohn nach Hause und kam am Wochenende wieder zu Besuch. Kaum waren wir da, sagte Sven, er müsse arbeiten gehen, und war weg. Als er wiederkam, war er furchtbar schlechter Laune, er stichelte und behauptete, ich hätte im Schlaf einen anderen Namen gesagt: er verdächtigte mich eine andere Beziehung zu haben. Ich sagte, mir reiche es jetzt und ich wolle die Beziehung jetzt beenden. Daraufhin meinte er: „Nein, die Packung Kondome verbrauchen wir gemeinsam, und wenn du das nicht freiwillig tust, komme ich nachts bei dir vorbei und mache es trotzdem."*

Ich fuhr nach Hause, und dort merkte ich, dass er in meiner Wohnung gewesen sein musste, obwohl das Schloss unversehrt gewesen war. Denn meine Sachen waren durchsucht worden, und es fehlte Geld. Da konnte ich mir aber noch nicht erklären, wie das hätte vonstattengehen sollen. Nachdem ich also die Trennung ausgesprochen hatte, wurde mir mitgeteilt, dass Sven für eine

Woche nach Emmendingen in die Psychiatrie eingeliefert worden sei.

Als er wieder draußen war, rief er meine Freundin an, er verdächtigte sie der Kuppelei. So beleidigte er sie per Telefon, sie solle mich in Ruhe lassen und keine Verabredungen für mich treffen. Sonst könne sie was erleben mit ihm. Dann kam die Nacht, in der es für mich viele Tränen gab. Unser Sohn war bereits im Bett, dann fing es zuerst mit Anrufen an. Sven sagte, er komme diese Nacht vorbei, dann nehme er sich, was er wolle. Danach wechselte er über zu SMS.

„Gehe jetzt duschen."
„Ziehe mich jetzt an."
„Mache mich auf den Weg zum Zug."
„Nimm schon mal ein Bad."
„Ich steige jetzt in den Zug ein."
„Zieh dir Reizwäsche an."
„Komme gleich in Freiburg am Bahnhof an."
„ Richte schon mal die Kondome."
„Steige jetzt aus."
„Sitze in der Straßenbahn."

Aus Verzweiflung rief ich den Notruf an. Aber es bestand kein Handlungsbedarf.

Letztendlich verbrachte ich eine angstvolle Nacht zu Hause, aber im Endeffekt bestand wirklich kein Handlungsbedarf. Denn es kam niemand. In dieser Nacht nicht.

Am nächsten Tag wollte ich mit unserem Sohn eine Reise nach Genf machen zu Tante und Onkel. Sven stand am Bahnhof auf dem Gleis, auf dem wir abfahren sollten. Er schrie herum und verbot mir mit seinem Sohn wegzufahren. Wir seien „Dreckspack." Ich fuhr trotzdem, und als ich wieder zurück war, die Wohnung betreten hatte und mein Blick auf den Tisch fiel, wusste ich Bescheid. Ich suchte meine abschließbare Kassette hervor. Die war aufgebrochen. Mein Ausweis und die Bankkarte waren weg. Mein nächster Weg führte mich zur Polizei. Danach zur Bank. Es fehlte auch ein Bild von mir. Auf der Bank fehlten 120 Euro, das Geld, das er mir als Unterhalt für seinen Sohn zu bezahlen hatte. Wie gehabt, Vollmacht ausgestellt, mit meinem Namen unterschrieben, Ausweis hinterlegt, Geld mitgenommen. Wie gehabt. Anzeige.

Wieder zu Hause stellte ich dann fest, dass ich gar kein Telefon mehr besaß. Der Platz, an dem es sonst immer stand, war leer. Später fand mein Sohn das Telefon beim

Spielen in einer Spielzeugkiste. Vor unserem gemeinsamen Sohn konnte ich nicht verbergen, dass sein Vater in unserer Abwesenheit in der Wohnung gewesen war, ich deshalb zur Polizei ging und er das Telefon in der Spielzeugkiste vorfand. Seit diesem Tag bekam er immer mehr an Wahrheit über seinen Vater zu spüren. Auch Etliches an Unterwäsche von mir war verschwunden. Dann musste ich noch mal zur Polizei wegen einer Unterschrift. Sven wurde danach in eine Suchtklinik für Spielsüchtige ins Kraichtal geschickt. Statt seiner Strafe, die er hätte verbüßen müssen, hatte er es geschafft, einen Therapieplatz zu bekommen. Der Anwalt sagte mir noch, wie erstaunlich das wäre, denn Therapie statt Strafe ginge eigentlich nur bei Abhängigkeit von stofflichen Dingen. Langsam ging mir aber das Licht auf, wie Sven, ohne meine Wohnungstür zu beschädigen, in meine Wohnung gelangen konnte. In der Zeit, in welcher ich krank gewesen war, hatte er nicht nur mein Konto geleert, sondern sich von dem Schlüssel, den ich ihm wegen des Fahrrades gegeben hatte, einen Zweitschlüssel machen lassen. Aus diesem Grund ließ ich dann nicht nur mein Schloss auswechseln, sondern mir auch gleich eine Sicherheitstüre einbauen. Bis zum heutigen Tage hatte ich dann Ruhe vor dem Eindringen in meine Wohnung durch ihn.

„Es geht nicht um siegen oder verlieren-es geht darum den Gegner zu demütigen."
Hägar

Bonus

Dann plötzlich tauchte eine andere Frau auf. Sven akzeptierte unsere Trennung und traf regelmäßig eine Melanie, zu der er dann auch sehr bald zog. Selbst an den Wochenenden, an denen unser Sohn bei ihm war, begleitete sie die beiden oder war anwesend. Ich war froh darüber. Er gab Ruhe, hatte eine andere für seine Probleme, und sie verstand sich mit dem Kleinen, passte auch auf, wenn er da war. So gut, dass unser Sohn eines Tages sagte, er wolle bei mir ausziehen und bei ihr ein. Da beschloss ich sie kennenzulernen. So fuhr ich mit meinem Sohn beim nächsten Besuch zu ihnen, anstatt dass Sven ihn in Freiburg abholte, und trank einen Kaffee mit ihr. Die Woche drauf kam ein Anruf von Melanie. Sie erzählte mir, dass Sven, bevor er die Therapie angefangen hatte, aus der Kasse - sie hatte ein eigenes Restaurant in Titisee- und aus ihrem Geldbeutel Geld gestohlen habe. Daraufhin hat Melanie ihn angezeigt. Jedoch hat Sven ihr dann von seinem Alkohol- und Spielproblem erzählt und dass er jetzt eine Therapie machen würde, was er nicht könne, wenn sie ihn anzeige und er dann ins Gefängnis müsse. So hat Melanie die Anzeige zurückgezogen. Als er jetzt von der Therapie zurückkam, hat er da weitergemacht, wo er aufhörtet hatte. Er hat sogar etwas aufgebrochen. Sie hatte bei dem Telefonat erneut vor ihn anzuzeigen. Schluss zu machen ebenso. Aber Sven kriegte sie ein zweites Mal wieder rum, und sie blieb noch eine Weile Bestandteil unseres Lebens. Von daher entschied sich Sven bei sich auszusortieren und fand dabei einige Sachen von mir, die er mir gerne wiederbringen würde, wie er sagte. Ich legte darauf keinen großen Wert. Denn ich würde auf alles verzichten, solange er mich nur in Ruhe ließe. Aber da ich fand, es wäre für ihn ein *wichtiger Schritt in seinem Ablösungsprozess, vereinbarten wir einen Termin, zu dem er mir dann auch wirklich einen Koffer voller Sachen brachte. Von mir waren tatsächlich einige Bücher mit dabei. Aber hauptsächlich bestand der Inhalt des Koffers aus bereits getragener, ungewaschener Unterwäsche. Doch nicht in meiner Größe, die Wäsche war sehr klein, und ich passte dort nicht hinein. Sie war auch nicht von Melanie, da diese noch größere Wäsche trug. Ich sagte aber nichts darüber zu Sven, denn wenn er davon ausging, ich würde jetzt vor Eifersucht wegen Wäsche platzen, hatte er sich getäuscht. So landete der Großteil der Wäsche im Hausmüll. Das Nächste, was ich von ihm hörte, war ein Anruf. Bereits als ich das Telefon abnahm, drang seine laute verletzende Stimme zu mir durch. Wie ich dazu käme, seine Telefonnummer weiterzugeben. Mias Mutter hatte bei ihm angerufen, die beiden kannten sich vom Elternabend, wollte nur mal mit ihm reden. Er war absolut sauer über die Tatsache, dass sie seine Nummer hatte, bei ihm anrief. Das wäre alles meine Schuld. Ich weiß nur eins, und das ist, dass sie die Nummer nicht von* mir hat. Handynummern stehen aber auch nicht in Telefonbüchern. Um ehrlich zu sein, kam ich zu dem Schluss, dass Sven ihr die Nummer gegeben hat. Melanie fand raus, dass er erneut Kontakt zu einer anderen Frau hat, da sie mitbekam, wie sie bei ihm anrief, und hat ihn deswegen zur Rede gestellt. Wahrscheinlich hat er dann alles auf mich geschoben, und am aller wahrscheinlichsten stand sie dabei und hörte zu, wie er mich darüber zurechtwies, seine Nummer nicht mehr weiterzugeben.

In den Herbstferien wollte Sven dann seinen Sohn zu sich holen. Zum verabredeten Termin erschien er aber nicht, sodass daraus nichts wurde. Er hat sich bei uns nicht gemeldet, auch sein Arbeitgeber suchte ihn sowie Melanie, bei der er ebenfalls verschwunden war. Daher hat mich Melanie zweimal angerufen und jeweils über eine Stunde mit mir telefoniert. Was sie mir erzählte, waren Geschichten aus meinem Leben. Genau dasselbe, was er bei mir gemacht hat, macht er jetzt mit ihr. Sie hat gesagt, sie würde ihn am liebsten verlassen, aber sie hat Angst vor ihm. Es war sehr gespenstig. Denn es war so, als hätte Sven sich um keinen Millimeter geändert, er tat *genau die gleichen Dinge, sagte die gleichen Sachen, wie ich sie schon gehört hatte. Ich hatte mich in der Zwischenzeit mindestens fünfmal geändert, alles war etwas anders bei mir geworden. Aber er erlebte anscheinend immer wieder dasselbe. Dann kam der Anruf von Melanie, in dem ihr Ausweis verschwunden war. Er war in ihrem Geldbeutel nicht mehr aufzufinden. Sie hatte ihn überall gesucht, aber sie fand ihn nicht mehr. Zwei Tage später war der Ausweis plötzlich wieder im Geldbeutel. Daraufhin machte Melanie sich viele Gedanken darüber, was er alles mit ihrem Ausweis getan haben konnte. Die nächste Nachricht von Sven erhielt ich von seinem Onkel, und zwar hat Sven von einem Bekannten die Anfrage bekommen, ob er bei ihm einen neuen Boden verlegen würde. Gegen Bezahlung natürlich. Was er annahm und wofür er gleich in einem Geschäft das entsprechende Material bestellte. Als dieses zum Abholen bereit war, bat er Melanie darum, mit dem Auto dorthin zu fahren und die Bretter für den Boden abzuholen. Abgerechnet würde es über die Schreinerei, bei der Sven arbeitete, als Materialkosten. Da Sven kein Auto hatte, weil ihm das*

Fahren eines solchen von der Polizei oder dem Gericht verboten worden war, fuhr Melanie und erledigte ihren Auftrag. Sven baute den Boden ein und bekam sein Geld. Für die Arbeit sowie für das Material. Als die Schreinerei ihre Abrechnung bekam und merkte, dass da ein Boden bestellt worden war, den sie gar nicht in Auftrag gegeben hatten stellten sie Nachforschungen an und stießen dann auf Melanie, weil diese den Boden abgeholt hatte. So blieb die Bestellfirma erst mal auf ihren Kosten sitzen, da sich wieder mal niemand fand, der bezahlte, dafür gab es eine Anzeige. Natürlich konnte Sven dann in dieser Firma nicht mehr länger arbeiten, und er fand auch nichts Neues mehr, da sich sein Verhalten wohl unter den Firmen herumsprach. Aber zum Glück war ein ehemaliger Kollege aus dem Gefängnis entlassen worden. Dieser war zurück an den Bodensee gezogen und hatte dort eine Malerfirma eröffnet, weil er selbst Maler war. Er bot Sven an, bei ihm einzusteigen und die Schreinerarbeiten durchzuführen. Daher zog Sven an den See, zusammen mit Melanie, die ihr Lokal für ihn aufgab und wieder als Kellnerin Arbeit fand. Gelegentlich kamen sie nach Freiburg. Er, um seinen Sohn zu besuchen. Sie, um sich mit mir auf einen Kaffee zu treffen. Wobei es immer darum ging, warum ich sie nicht gewarnt hätte. Einmal fragte sie mich, ob wir in jenem Jahr schon getrennt gewesen waren, als sie mit Sven zusammenkam. Denn sie hat sich oft Gedanken gemacht, ob sie nicht meine Beziehung zu ihm kaputt gemacht hat. Auch wegen des Kindes. Als sie mir das Jahr nannte, musste ich erst mal schlucken, bevor ich log, dass wir da schon getrennt gewesen waren. So erfuhr ich, dass er Melanie die letzten zwei Jahre unserer Beziehung bereits kannte und eine Zweitbeziehung zu ihr unterhielt. Bei unseren Treffen erzählte sie aber auch, dass Sven oft viel Geld in der Brieftasche habe, meistens lauter 500-Euro-Scheine. Aber dann bezahlt er keine Rechnungen, keine Krankenkasse, und auch mit Geld für Lebensmittel ist es schlecht. Anscheinend hat er überdies ein Verhältnis mit einer anderen. Ist nächtelang weg und hat dafür viele Ausreden. Geht nicht zur Arbeit oder hat Geld von seinem neuen Chef bekommen, um für einen Kunden eine Tür zu bestellen. Die Tür hat er aber nicht bestellt, das Geld verspielt. Überhaupt so, wie er alles verspielt und sich dort auch ständig aufhält. Sein Handy hat er angeblich verloren. Als er wieder zur Arbeit erschien, lautete der nächste Auftrag für ihn, eine Villa den Wünschen der Besitzer entsprechend umzubauen. Noch mehr als die Villa zu verschönern, hat Sven sie um ihre tragbaren Besitztümer erleichtert. Insgesamt siebenundsiebzig Dinge hat er aus der Villa gestohlen. Goldene Armbanduhren gehörten dazu. Natürlich fand er in der Zeit auch die Kontodaten des Besitzers heraus und versuchte doch gleich mal von dessen Konto 54.000 Euro auf das seine zu überweisen. Aber das ging dann schief. Daraufhin gab es selbstverständlich Anzeigen in Hülle und Fülle und eine entsprechende Gerichtsverhandlung, die sich Melanie mit anhörte und deren Ausgang sie mir mitteilte. Zwei Jahre und acht Monate sollte die Gefängnisstrafe dauern. Sven legte aber Berufung ein, sodass abzuwarten war. In Folge der Verhandlung zog Melanie bei Sven aus. Kündigte auch gleich den Mietvertrag. Was bedeutete, dass Sven nur noch einen Monat ein Dach über dem Kopf hatte. In dieser Zeit ließ er sich dann natürlich immer weiter gehen. Erschien gar nicht mehr bei der Arbeit, traf sich mit Frauen, welche er über das Internet kennenlernte, auf einen Kaffee. Er erzählte ihnen, dass er ein alleinerziehender Vater eines Sohnes sei. Die Mutter sei vor Jahren gestorben, seither lebten sie alleine, da er noch nicht über den Tod der Frau hinweg sei. Eine wirklich rührende Geschichte, die auch ihren Zweck zahlreich erfüllte. Etliche der Frauen nahmen ihn mit nach Hause, zum Trösten. Danach, wenn die Damen schliefen oder in einem unbeobachteten Moment, nahm er Wertgegenstände an sich oder Kontonummer, Schecks.... Melanie fand das heraus. Sie war eine eifersüchtige Freundin gewesen, ganz im Gegenteil zu mir. Daher hatte sie viel hinter ihm herumspioniert, sogar mit den Frauen danach Kontakt aufgenommen und mit ihnen geredet. Er hatte in der Zwischenzeit ja auch erreicht, dass ihm die Genehmigung, den Führerschein zu machen, erteilt worden war. Er hatte ihn dann auch bestanden und sich ein Auto zugelegt. Einmal war Melanie ihm hinterhergefahren und hatte gesehen, wie er eine Spielhalle betrat. Sie folgte ihm nach einiger Bedenkzeit und fand ihn vor mehreren Spielautomaten. Immer hin und her wechselnd, und als sie ihn ansprach, nahm *er sie gar nicht zur Kenntnis. Sven reagierte gar nicht auf sie, sodass sie wieder zu ihrem Wagen hinausging. Wegfahren konnte sie aber nicht. So blieb sie draußen im Wagen sitzen. Irgendwann kam Sven heraus. Schloss sein Auto auf. Fuhr aber nicht mit diesem davon. Er legte sich auf den Rücksitz und schlief hinten in seinem Wagen. Der Auszug verlief auch sehr problematisch. Da Sven erst davon erfuhr, als die Möbelpacker vor der Tür standen, um die Sachen von Melanie mitzunehmen. Zuerst verschloss er dann die Tür, ließ die Möbelleute nicht rein, Melanie nicht raus. Beschimpfte alle. Aber Melanie gelang es, Helmut anzurufen; der kam und setzte Sven, erst durch die geschlossene Tür, später auch, als er eingelassen worden war, so zu, dass er sie schließlich abfahren ließ. Nachdem dann endlich auch die Sachen verstaut waren und der Möbelwagen abfuhr, folgte Sven hinterdrein und hielt sie auf und schrie weiter herum. Nach dem Auszug rief er seinen Sohn an und sagte ihm, er müsse vergessen, dass er einen Vater habe, denn es gäbe ihn nicht mehr. Er säße ab jetzt auf der Straße, habe kein Telefon mehr, könne sich nicht mehr bei seinem Sohn melden. Dann rief er nachts heulend Helmut an. Irgendwo* auf der Autobahn sei er liegen geblieben. Er hat im Kasino alles Geld verspielt, und dann auf dem Heimweg ging das Benzin aus. Er hatte keinen Pfennig mehr, nicht für vorwärts, nicht für zurück. Helmut kam und tankte ihm den Wagen wieder auf. Sven tat alles furchtbar leid, aber man müsse verstehen, die Trennung von Kerstin usw. Kommt alles nicht noch einmal vor. Das Resultat von Svens Berufung war, dass er, anstatt eine Haftstrafe abzusitzen, nun nach Münzesheim in eine Suchtklinik gehen sollte. Dies war eine spezielle Klinik für Spielsüchtige. Mit unserem gemeinsamen Sohn fuhr ich ihn dort einmal besuchen. Wir blieben auch über eine Nacht, und abends machten wir noch einen kleinen Spaziergang und mussten sehr schnell wieder zurücklaufen um die Sperrstunde einzuhalten. Sven war sehr aufgeregt darüber, er könnte zu spät in der Einrichtung eintreffen, lief sehr schnell. Ich schlug vor über die Wiese abzukürzen und nicht den längeren Weg außen herum zu nehmen. Ginge ja dann schneller. Aber nein, Sven sagte, das wäre verboten, über die Wiese dürfe man nicht gehen. Es war sehr erstaunlich, ihn zu sehen, wie er so ganz *pünktlich und genau nach Regel lief. Ich fand das fast lächerlich. Eine Wiese nicht zu betreten, dafür aber jede Menge Gerichtssäle.*

„Er bezeichnet das Kartenspiel als Glückspiel. Kann er nicht richtig mischen?"
Werner Mitsch

Dernie`re

Die Lizenz für mein Leid erwarb ich dann aber erst endgültig im Jahr 2011. Auch diese Therapie hatte versagt; schon ziemlich gleich nach dem sie beendet war, ging es erneut wieder bergab. Sven begab sich dann abermals hin, um das Alterlernte noch mal aufzufrischen. Aber auch das war es noch nicht. Auch da ging es zu Hause gleich weiter wie gehabt, oder hatte es dort überhaupt aufgehört? Irgendwie lernte ich in den Sommerferien in Griechenland in dem ganzen Tumult meines Lebens in einer etwas ruhigeren Stunde meinen Mann kennen.

Beim Abendessen hatte er rauchend einen Sonnenhut auf dem Kopf. Saß am Tisch neben uns, und ich fragte ihn, ob er einen bestimmten Fußballspieler kenne. So ergab sich ein Kennenlernen zwischen uns, und das Ende war, dass er von Frankfurt nach Freiburg umzog, eine neue Arbeit fand als Sicherheitsmitarbeiter - was nicht einer gewissen Ironie entbehrte - bei uns wohnte, oder besser einzog. Er ist eine große, imposante Erscheinung, und man merkt ihm an, dass er nur darauf wartet, dass du eine falsche Bewegung machst, um einen Grund dafür zu haben auszuholen. Vermutlich habe ich ihn dann auch nur aus diesem Grund geheiratet. Er konnte, wollte es unbedingt mit Sven aufnehmen. Er war mein Befreier von Sven, mein Schutzschild vor ihm. Sven war der Retter zu meinem Leid gewesen. Derjenige, der mich über mein Leid zu meinem Recht am Leiden, zu mir selbst geführt hat. Mein Mann war derjenige, der durch seine bloße körperliche Anwesenheit dieses Leid vertrieb, mir eine Tochter schenkte und mich weiterführte zu der nächsten Stufe des Leides. Denn selbstverständlich hatte für Sven eine erneute Gerichtsverhandlung begonnen, welche auch beendet wurde mit einem Urteil über eine Gefängnisstrafe. Genaueres war nicht in Erfahrung zu bringen, da er in diesen Sachen seiner Umwelt gegenüber immer sehr zugeknöpft war. Ich erfuhr es von meinem Sohn. Dieser wiederum hörte es, als er zum Fußballspielen auf dem Spielplatz war. Sven rief mich zu Hause an und wollte mit seinem Sohn sprechen. Ich teilte ihm mit, dass dieser draußen sei. Zehn Minuten später klingelte es, Bennet stand zusammen mit seinem Freund und einer Schachtel vor der Tür. Drinnen zeigte er mir stolz den Inhalt. Sie war gefüllt mit lauter Sammelkarten der Fußballspieler. Welche Bennett zu diesem Zeitpunkt eifrig zu vermehren suchte. Auch Schokolade war dabei. Als ich ihn überrascht fragte, woher er das habe, war seine Antwort: „Papa war gerade auf dem Spielplatz und hat mir das gebracht. Er sagte auch, dass wir uns jetzt erst mal nicht mehr sehen können. Da er für die nächste Zeit ins Gefängnis muss. Er ist jetzt gleich losgefahren, um sich dort zu melden." Am nächsten Tag erfuhr ich dann, dass Sven nicht im Gefängnis aufgetaucht war. Denn die Polizei stand bei mir und suchte ihn. Ob ich etwas von ihm gehört habe oder wisse, wo er sein könnte. Auch seine Verwandtschaft wurde aufgesucht, aber er war nicht zu finden. So häuften sich die Nachfragen der Polizei bei immer denselben Leuten. Sven wusste jedoch, dass er sich bei mir nicht sehen lassen durfte, denn ich würde sofort die Polizei verständigen. Es vergingen ein paar Wochen, bis er dann doch bei einer Passkontrolle in Konstanz bei einem Treffpunkt der Obdachlosen zufällig gefunden wurde. Es wurde entschieden, dass er im Gefängnis in Ulm einzusitzen habe. Daraufhin nahm er erneut die Telefonate mit seinem Sohn auf und kam einmal im Monat, wenn er Freigang hatte, nach Freiburg ,um ihn zu besuchen. Die beiden trafen sich um 10.00 Uhr am Bahnhof, und um 13.00 Uhr war mein Sohn wieder zu Hause. Was mich wunderte. Denn von der Sozialarbeiterin in Ulm hatte ich erfahren, dass er erst gegen 17.00 Uhr den Zug zurücknehmen müsse. So hatte ich kein gutes Gefühl bei Svens Ausflügen. Ulm ist ein Gefängnis, in dem es viele Möglichkeiten gibt. Schulische Ausbildung und auch berufliche Weiterbildung. Aus diesem Grund hatte er sich dorthin verlegen lassen. Denn nun hatte er vor den Schreinermeister zu machen und zu bestehen. Was dort möglich war. Er konnte sogar am Morgen das Gefängnis verlassen, um seiner Ausbildung nachzukommen, und erst abends musste er wieder zurück sein. Zusätzlich hatte man ihm einen Vormund gegeben. Was seine Schwester war. Zu der fuhr er, nach Reutlingen, wenn er übers Wochenende freihatte, und sie kam, wenn es um wichtige Entscheidungen ging. Wie um sein Lager in Neustadt, das es auch noch aufzulösen galt. In dem hatte er wohl so ziemlich viele Nächte geschlafen, als er damals gesucht wurde und nicht zur Inhaftierung erschienen war. Sein Onkel Helmut leerte das Lager, da der Eigentümer schon lange kein Geld mehr erhalten hatte und jetzt nicht mehr warten wollte, bis Sven wieder rauskam. Dort war auch eine Matratze zu finden und Decken und Dinge, die darauf hinwiesen, dass er dort geschlafen hatte. Als Sven erfuhr, dass das Lager geräumt war, reagierte er sehr sauer. Er zeigte seinen Onkel sogar an und gab an, dort wären eine wertvolle Briefmarkensammlung und Antiquitäten gewesen. Schränke noch von seiner Großmutter, die habe seine Onkel ihm jetzt gestohlen. Auch ich wurde wegen der Sachen gefragt; soweit ich mich erinnern konnte nach, hatte Sven nichts, was von materiellem Wert wäre. Denn wenn er etwas hätte, wäre das schon längst verkauft und verspielt. Alles, aus was sich Geld machen ließ wurde auch gleich umgesetzt. So wurde aus den Folgen der Anzeige nicht viel.

In der Zwischenzeit war die Kleine geboren, lange hatte ich keine Nacht mehr richtig geschlafen. Bis nach über einem halben Jahr die erste durchgeschlafe Nacht erfolgte. In dieser fing mein Sohn an sich ab 21.00 Uhr zu übergeben. Schließlich kam er zu mir und teilte mir mit, sein Hode wäre geschwollen. Ich rief in der Klinik an, mein Mann hatte Nachtschicht. Dort hieß es, gleich kommen. Meine Mutter kam, um die Wohnung und die Tochter zu hüten. Wir fuhren dann nachts in die Uniklinik, mit dem Taxi. Dort wurde natürlich untersucht, und er wurde aufgenommen, bekam einen Tropf und Schmerzmittel. Es wurde vermutet, dass es sich um eine Orchitis handelte. Morgens um 7.00 Uhr war ich wieder zu Hause, mein Mann auch, die Tochter gleich wach. Später ging ich mit ihr in die Klinik, ihren Bruder besuchen. Sie krabbelte den ganzen Tag dort auf dem Boden herum und hatte in null

Komma nichts eine pechschwarze Hose. Eine Krankenschwester lief schnell vorbei und meinte: „Wir haben ausgezeichnetes Putzpersonal, unsere Böden sind tiptop sauber." Meine Tochter war jeden Abend absolut schwarz, wenn wir wieder nach Hause kamen. Abends kam ein Anruf von Sven, er möchte mit seinem Sohn reden. Also sagte ich ihm, dass dieser in der Uniklinik ist sei.

Die Medikamente schlugen bei meinem Sohn nicht an, und da das Antibiotikum nicht wirkte und die Schwellung ziemlich groß war, hatte ich ein Gespräch mit dem Oberarzt, der zurate gezogen worden war. Die Vermutung lag nahe, dass es sich um einen Tumor handele. Wegen der Größe des Hodens und weil die Arznei nicht anschlug. Jetzt wollte man operieren, und ich sollte natürlich unterschreiben. Wieder mal hatte ich in der davor liegenden Nacht sehr wenig geschlafen, und das Gespräch fand erst um 17.00 Uhr statt, da es an diesem Tag für eine OP schon zu spät war. Stellte es auch kein Problem dar, als ich darum bat, eine Nacht darüber schlafen zu dürfen. Darüber, dass bei einer Operation dann der betroffene Hoden entfernt werden würde. Telefonisch hatte ich Kontakt zu Sven und erzählte ihm auch an diesem Abend von den Geschehnissen. Sven teilte der Gefängnisleitung in Ulm mit, wie es um seinen Sohn stand, und bat darum, Sonderurlaub zu bekommen, um ihn zu besuchen. Was geprüft wurde. Am nächsten Tag wurden wieder Untersuchungen in der Klinik ,gemacht und zu unserem großen Glück sagten die Ärzte, die Schwellung sei minimal zurückgegangen. Für das Auge zwar nicht zu sehen, aber für die Apparate zu messen. So könne man noch abwarten, einen weiteren Tag. Der auch die Entscheidung mit sich brachte, Sonderurlaub genehmigt. Sonntag sollte der Zug in Freiburg eintreffen, mit dem Sven seinen Sohn besuchen würde. Jeden Tag ging es etwas besser mit unserem Kind, und ich dachte gar nicht mehr an den bevorstehenden Sonntag, der kam und verging, ohne dass mir etwas aufgefallen wäre. Bis Montagmorgen um 7.55 Uhr das Telefon klingelte und die Sozialarbeiterin des Gefängnisses in Ulm am Apparat war. Ob der Herr Vater vom Sohn gestern zum Besuch erschienen sei? Erst da fiel mir siedend heiß ein, dass gestern ja Besuchstag gewesen wäre, und ich sagte ganz verblüfft:

„Nein." Da wurde mir mitgeteilt, dass er pünktlich zu seinem Zug gegangen und abgefahren sei. Aber leider nicht mehr wieder zurückkam. Also abgehauen. Es wurde mir auch mitgeteilt, dass man ihn für nicht mehr zurechnungsfähig halte. Im Verlauf der kommenden Tage erhielt ich Besuch von der Polizei, die wollte sich zum einen erkundigen, ob ich was von Sven gehört habe oder wann das letzte Mal. Außerdem wollte man sich ein wenig umsehen, vielleicht um zu sehen, ob es Spuren bei mir von ihm gab. Natürlich wurde ich auch darauf hingewiesen, mich zu melden, wenn er mich kontaktierten sollte. Zu der Zeit hatte ich kein Handy mehr, da ich dieses nach einer der Nächte, in denen mich Sven per SMS bedroht hatte, aufgegeben habe. Aber da mein Sohn jetzt in dem Alter war, hatte dieser eines, und so lieh ich mir das seine aus. Schrieb eine SMS an ihn und dachte eigentlich nicht an eine Antwort. Allerdings ging es gar nicht lange, da kam diese Antwort doch. Und zwar wollte er wissen, wie es dem Kind ginge. Von der Polizei bekam ich täglich einen Anruf, und sie erkundigten sich danach, ob er sich gemeldet habe. Von daher sagte ich, dass er mir SMS schreibe. Von Svens Schwester erfuhr ich dann am Telefon, dass ihr Bruder noch bei ihr gewesen sei und einige Sachen mitgenommen habe. Dann, als er schon als flüchtig gemeldet war, rief er noch mal bei ihr an und verabredete sich mit ihr am Reutlinger Bahnhof. Seine Schwester alarmierte daraufhin die Polizei, und so stellte man sich am Bahnhof zurecht und wartete. Leider geschah sehr lange nichts: am Ende tauchte Sven nicht, auf und man ging wieder auseinander. Als die Schwester dann zu Hause eintraf, fand sie dort ihren Sohn vor, der bereits ausgezogen war und von der Angelegenheit nichts mitbekommen hatte. Dieser informierte sie darüber, dass Sven da gewesen sei und er habe ihn reingelassen, da er noch was hatte holen wollen. Nachdem die Aktion mit der Schwester schiefgelaufen war, hörte ich in den Gesprächen mit der Polizei heraus, dass sie jemand Neues suchten, der sich bereiterklären würde, sich mit Sven zu verabreden. Es wurde mir nicht ausdrücklich nahegelegt, aber ich spürte etwas und fragte nach, ob ich versuchen solle dass wir uns treffen könnten. Dies wurde befürwortet. Obwohl ich mir sicher war, dass Sven niemals auf ein Angebot von mir wirklich auftauchen würde. Aber so wurde ich fotografiert, damit man mich erkennt, falls es zu einem Treffen kommen sollte. Im Laufe der vielen vergangenen Tage wurde auch mein Sohn wieder aus dem Krankenhaus entlassen, zusammen mit entsprechenden Medikamenten und Nachsorgeterminen, und ging wieder zur Schule. Einen Tag. Dann rief mich der Direktor der Schule an, sie waren vom Jugendamt bezüglich Sven benachrichtigt worden und fühlten sich jetzt verunsichert. Sie sagten, dass sie an so einer großen Schule nicht dafür Sorge tragen könnten, dass dem Kind nichts passieren würde. Sie könnten die Verantwortung dafür nicht übernehmen, dass sein Vater ihn nicht von der Schule abfange. Ich solle kommen und meinen Sohn abholen. So machte ich mich auf den Weg, und als ich ankam, wurde ich in das Büro des Direktors geführt, in dem bereits mein Sohn saß. Wir verließen das Gebäude und auf dem Nachhauseweg fragte er mich, was denn los sei. Der Direktor sei in sein Klassenzimmer gekommen, habe ihn herausgerufen und zu ihm gesagt, er solle sich da hinsetzen und warten, bis seine Mutter komme um ihn abzuholen. So hatte er bis dahin noch keinerlei Erklärung für das Vorkommnis. Ich sagte ihm dann, dass die Schule Angst um ihn habe wegen seines Vaters. So blieb er dann erst mal zu Hause. Bis das Jugendamt sagte, dass mein Sohn schulpflichtig sei und die Schule besuchen müsse. Dies wurde dann dem Regierungspräsidium mitgeteilt, und dieses entschied, dass mein Sohn beschult werden müsse und zu gehen habe.

„Das Schicksal mischt die Karten, wir spielen."
Schopenhauer

Leiche

Dann kam der Tag, an dem ich abends mit meiner Tochter im Kinderwagen nach Hause kam. Den Wagen vor unserer Tür im dritten Stock abstellte und, da sie weinte, ihr erst mal was zu essen gab, sie dann ins Bett legte, wo sie gleich schlief. Dann fiel mir ein, ich hatte ja meinen Geldbeutel sowie den Fotoapparat noch draußen in der

Wickeltasche. Also ging ich, beides zu holen. Leider waren die Sachen nicht mehr da, sondern verschwunden, und da ich wusste, was man alles mit einem Ausweis tun kann, beschloss ich, die Sachen am nächsten Tag als gestohlen zu melden. Ich hatte Sven per SMS darüber informiert, dass er gesucht werde vom dem Nachlassverwalter seines Vaters. Denn dieser sei gestorben, und man hatte ihn nicht finden können. Von daher rief mich der Notar deswegen an, da wir ein gemeinsames Kind hatten. Ich hatte bei dieser SMS ein schlechtes Gefühl und wusste, dass ich das nicht hätte schreiben dürfen. Denn ich wusste über seine Vaterbeziehung Bescheid und dachte mir, dass er das nicht so einfach hinnehmen könne. Aber die Polizei fand, diese Information würde vielleicht dafür sorgen, dass Sven sich mit mir treffen würde. Ab 19.00 Uhr bekam ich dann SMS von Sven. Bei denen es mir kalt den Rücken herunterlief und ich sehr froh war, dass meine beiden Kinder zu Hause waren und sich nicht mehr draußen aufhielten. Die letzte lautete: „Geh ins Krankenhaus. Dein Vater ist schwer krank. Er wird nicht mehr aufwachen. Wenn du ihn noch mal sehen willst, musst du jetzt gehen." Da ich aber wusste, dass mein Vater nicht im Krankenhaus lag und zurzeit auch nicht sterben würde, merkte ich auch gleich auf, worauf er sich in dieser SMS bezog. Als Sven siebzehn war, übernachtete er bei seiner damaligen Freundin. Am nächsten Tag sollte er wieder pünktlich zu Hause sein, um seinem Vater auf der Baustelle zu helfen. Da sie zu Hause fünf Kinder waren, arbeitete der Vater öfter nebenher und so auch an diesem Samstag. Er war beauftragt worden Baumaterial zu einer Baustelle zu fahren. An diesem Tag wurde auf der Baustelle nicht gearbeitet, und er hatte Sven darum gebeten mitzufahren und beim Ausladen zu helfen. Sven kam aber nicht, und so fuhr der Vater alleine los. Er lud einen Teil seiner Last ab. Die Baustelle befand sich in einer Schlucht, und diese war anscheinend nicht genug gesichert, denn das Gerüst gab nach und begrub Svens Vater unter Erde. Er überlebt das nicht und verstarb noch an Ort und Stelle. Die Unfallstelle wurde im Nachhinein untersucht und festgelegt, dass die Ehefrau des Verunglückten ein Recht auf eine Entschädigung habe, da es die Schuld des Bauleiters war, der nicht für einen *ausreichenden Schutz gesorgt hatte. Das Geld von der Entschädigung reichte für einen vier Jahre langen Alkoholrausch der Mutter, der sie schließlich bis ins Koma und damit in die Uniklinik führte, wo sie dann auch daran starb. Seither hatte Sven immer ein schlechtes Gewissen und die Überzeugung, er hätte seinem Vater helfen müssen, denn er hätte gewiss das Unglück verhindern können. Er hätte ihm zur Seite stehen müssen, genau wie er das getan hatte. Denn er war nur sein Adoptivvater gewesen. Seine Mutter hatte vor ihrer Ehe mit ihm drei Söhne von unterschiedlichen Männern bekommen, und nach der Hochzeit hatte der Mann seiner Mutter alle drei adoptiert. Jetzt starb sein leiblicher Vater, der für ihn nie einer gewesen war, und er bezog das wieder auf die Zeit von damals. Er erlebte noch einmal sein Versagen und den Tod seines Vaters. Um 21.00 Uhr dieses Abends rief mich dann die Polizei an. Gerade eben sei Sven gefasst worden und wieder verhaftet. Ich bedankte mich für die Auskunft, legte auf und ging zu Bett. Am Morgen danach wollte mein Sohn in der Stadt etwas erledigen, und ich sollte mitgehen. Aber ich sagte, zuerst müsse ich noch den Geldbeutel als gestohlen* melden. Er beschloss mich zu begleiten. Zusammen mit den beiden Kindern und meinem Reisepass, der mir noch geblieben war, ging ich zur Polizei. Geführt wurde ich zu einem Beamten, der meinen Ausweis lange anschaute, dann mich und der schließlich fragte, ob wir uns nicht kennen würden. So sagte ich, dass dies schon sein könne, denn ich wäre bereits öfter hier gewesen wegen eines gewissen Herrn. Als ich den Namen sagte, sah er mich wieder an und meinte dann: "Na, dann haben sie ja eine aufregende Nacht hinter sich." Ich sah ihn verständnislos an und fragte ihn auch, wie er das meine. Daraufhin erzählte er mir meine Geschichte der vergangenen Nacht. Ob ich noch nicht die Badische Zeitung gelesen hätte, da stände es auch drin. Sven war in Waldkirch zwei Polizisten aufgefallen, auf der Straße wollten sie ihn anhalten. Er lief davon, zu einem Auto, das nicht das seine war, stieg ein und fuhr davon. Die Polizisten stiegen in ihren Wagen und forderten Sven dazu auf, immer wieder, anzuhalten. Woran er sich natürlich nicht hielt. Schließlich gaben die Polizisten eine Durchsage ins Revier, und es wurde eine Polizeisperre errichtet. Als er in Freiburg in den Rennweg einbiegen wollte, fand er dort die Sperre vor. Es stand auch ein Streifenwagen am Rand. Er beschloss nicht anzuhalten, sondern fuhr direkt in den Wagen hinein, in dem zwei Polizisten saßen, die schwer verletzt wurden. Er selbst wurde auch verletzt, aus einem völlig zerstörten Wagen geborgen und befindet sich jetzt im Krankenhaus. Ich war so sprachlos, denn mit so etwas hatte ich nicht gerechnet, ich konnte den Polizisten nicht darum bittenn die Geschichte nicht vor dem Kind zu erzählen, sodass unser Sohn alles mitbekam. Als wir wieder draußen waren, wollte er unbedingt auch eine Badische Zeitung kaufen, sodass wir alles nachlesen konnten.

„Filmreife Verfolgungsjagd endet mit einem Crash

Es war wie in einem Gangsterfilm: Ein flüchtender Autofahrer hat am Freitagabend in Freibrug zunächst eine Polizeisperre durchbrochen, ehe die Flucht gegen 18.30 Uhr in der Emmendinger Straße/Ecke Rennweg im Stadtteil Brühl-Beurbarung zu Ende ging - mit einem kapitalen Crash:Der Mann krachte gegen einen Streifenwagen.

Zwei Polizeibeamte wurden dabei leicht verletzt, der Fahrer des Fluchtautos ebenfalls. Er soll schon vor einiger Zeit aus der Justizvollzugsanstalt geflohen sein, so die ersten Erkenntnisse. Gegen den Mann liegt offenbar auch ein Haftbefehl vor. Der Flüchtende in seinem blauen Citroen Berlingo muss versucht haben, dem ihm entgegenkommenden Streifenwagen auszuweichen, dabei prallte er zunächst gegen einen geparkten BMW, dann gegen das Polizeiauto. Der Polizei war der Mann in der Nähe von Waldkirch aufgefallen, dort hat auch die Verfolgungsjagd begonnen.

Es waren beeindruckende Bilder des nun kaputten Autos dabei. Und wir waren ein Teil der Familie hinter diesem Artikel. Ein Teil von etwas, an das in der Regel in solchen Situationen nicht gedacht wird.
Als Sven seine Zeit im Krankenhaus beendet hatte, kam er wieder ins Gefängnis nach Freiburg. Ulm war gestorben, eine solche Chance bekam er jetzt nicht noch einmal ,und dann musste er auf die Verhandlung der neuen Straftaten warten. Es hieße, er würde auch wegen versuchten Totschlags an zwei Polizisten eine

Verhandlung bekommen. Aber von ihm kam darüber keine Auskunft. War ja noch ein laufendes Verfahren, da hatte er Angst, etwas zu sagen, was ich gegen ihn aussagen könnte. Auch seinem Sohn gab er hierrüber keine Angaben. Er nahm aber wieder die Telefongespräche mit ihm, auf und dann wollte mein Sohn seinen Vater im Gefängnis besuchen. Vom Jugendamt war in der Zwischenzeit ein Heilpädagoge, absichtlich ein Mann, eingeschaltet worden, der einmal die Woche mit meinem Sohn das Vaterthema und die Flucht sowie den erneuten Aufenthalt im Gefängnis bearbeiten sollte. Jedoch hatte mein Sohn nicht sehr viel Lust dazu. Und war nur schwer dazu zu bewegen hinzugehen. Wenn ich meinen Arm gebrochen habe, lasse ich einen Gips drum machen und warte, bis Zeit vergangen ist. Ich mache den Gips nicht einmal die Woche auf und versuche den Arm wieder zu bewegen. Denn mit der Zeit nimmt er mir das übel und wird nie mehr richtig verheilen. Heute denke ich, wir hätten einfach Gras über alles wachsen lassen sollen, denn der Junge nahm das nicht so dramatisch. Er kannte seinen Vater, er hatte schon etliches erlebt, und auch dass er ihn hätte entführen wollen, konnte er nicht wirklich glauben. Wir, ich hätte es lassen sollen und auf das hören, was er nach meiner Frage, ob er mit jemandem darüber reden möchte, ob er Hilfe bräuchte zu mir sagte. „ Wenn ich mit jemandem über meinen Vater reden will, komme ich zu dir. Du kennst dich am besten damit aus." Damals konnte ich dieser Aussage nicht zustimmen und dachte, andere wüssten mehr und seien schlauer. In der Zwischenzeit habe ich jede Menge Leute getroffen, die alle ratlos sind und so etwas noch nicht erlebt haben. Wie die Verhältnisse, die bei uns vorherrschen. Es gibt einfach noch keine Studien zu der Entwicklung von Kindern, deren einer Elternteil im Gefängnis einsitzt. Alle möglichen Psychologen und Ärzte versuchen eine Krankheit zu diagnostizieren, um das Verhalten des Kinds, welches nicht in die Norm passt, zu erklären. Aber darauf, dass es einfach an dem Umstand der Inhaftierung liegen könnte, kommen sie nicht. Vielleicht auch deswegen, weil es dafür noch keine Behandlung gibt. Keine festgelegten Verhaltensregeln und therapeutischen Maßnahmen, die zu ergreifen wären. Es herrscht allgemeines Schulterzucken vor.

Aber ich schickte ihn zu einem Heilpädagogen, zu einem Vertrauenslehrer, zu einem Schulsozialarbeiter. Alles Männer. Die Schule vermittelte mir seit der Flucht des Vaters das Gefühl, mein Sohn verhielte sich nicht altersentsprechend. Er machte keine Hausaufgaben mehr und log, dass sich die Balken bogen. Sein Klassenlehrer hatte Angst, er würde an seiner Schule Amok laufen. So landete ich am Ende auch in der Jugendpsychiatrie, mit ihm. Natürlich wird gefragt, wo denn der Vater ist, was ich wahrheitsgetreu beantwortete. Dann schilderte ich vier Sätze lang das Verhalten meines Sohnes. Wobei ich mit der Frage "Haben sie schon mal was von ADHS gehört?" unterbrochen wurde. Natürlich hatte ich das, aber nie mit meinem Sohn in Zusammenhang gebracht. „Wir machen ein paar Tests, dann bekommt er Tabletten." Mit den Tests war ich einverstanden, fragte aber, falls die Tests wirklich ADHS ergaben, ob es da nicht eine andere Behandlungsmethode gab. „Nein." Ich wollte in diesem Fall auf keinen Fall Ritalin. Selbst der Name Ritalin wurde in der Klinik nicht mal ausgesprochen, dafür wurde die chemische Bezeichnung verwendet. Die Tests wurden gemacht und selbstverständlich diagnostizierten die Ärzte ADHS. Ich verweigerte die Tabletten. Die Ärztin sah mich an und sagte:" Wenn ADHS unbehandelt bleibt, wird ihr Sohn werden wie sein Vater. Alkoholiker, spielsüchtig und im Gefängnis enden." Da verschlug es mir die Sprache. Ich ging. Die Ärztin meinte noch:" In einem Jahr sehen wir uns wieder. Länger gebe ich Ihnen nicht." Natürlich würde sie recht behalten, denn mein Sohn änderte sein Verhalten selbstverständlich nicht nur deshalb, weil ich hier aufstand und ging. Im Zuge dieser Tests stellte sich jedoch auch heraus, das sunser Kind unter einer Epilepsie litt. Er hatte bisher nur noch keine Anfälle gehabt, aber die Gehirnströme waren entsprechend. Zudem wurden Treffen im Gefängnis arrangiert. Zusammen mit dem Heilpädagogen und der Sozialarbeiterin der Straffälligenhilfe. Da muss man nur am Empfang zum diensthabenden Polizisten sagen, wir warten auf Frau Wiese, und schon wird man sogar angelächelt und höflich behandelt. Ganz zu schweigen von einem extrakleinen Zimmer für einem alleine. Ohne den großen Besucherraum mit Spiegel. Natürlich sitzt aber ein Polizist dabei und schaut, dass nichts Verbotenes passiert. Auch war neu, dass es jetzt einen Drogenhund am Empfang gab, der erst mal schnüffelte. Für meinen Sohn war das alles sehr beeindruckend. Ein Gefängnis von innen zu sehen. Das reichte aber nicht für über zwei Besuche aus. Denn dann stellte er diese ein und ging nicht mehr hin. Auch telefonieren wollte er nicht mehr mit seinem Vater, geschweige denn die Briefe öffnen. Denn unser Sohn war trotz aller Turbolenzen dreizehn Jahre alt geworden und hatte seine eigenen Probleme jetzt. Dafür gab es nun wieder Briefe auch an mich sowie Telefongespräche, in denen es nicht immer friedlich zuging, da ich Sven viel vorzuwerfen hatte und die Wahl meiner Worte verstand. Ich war auch gar nicht mehr Zimperlich in ihnen. Sven warf mir vor dem Sohn die Besuche zu verbieten, ihm die Post nicht auszuhändigen. Er schickte einen Brief mit Briefmarken. Falls wir kein Geld dafür hätten, selbst welche zu kaufen. Er wollte nicht sehen, dass sein Sohn zu der Zeit keinen Kontakt zu ihm wollte. Dabei ging es nur um einen einzigen Punkt ,den er hätte ändern, verstehen müssen. Bennet hatte eine Frage gestellt an seinen Vater. Auf die er keine Antwort erhalten hatte. Er wollte wissen, warum er das alles getan hatte, und diese Antwort wurde ihm verweigert. Deshalb wollte er auch all die anderen Sachen nicht hören.

„Hallo Katharina,
wir hatten letzte Woche ein doch sehr heftiges Gespräch. Eigentlich hast ja fast nur Du geredet. Die ganzen Vorhaltungen beziehungsweise Deine Äußerungen waren ja auch meist zutreffend. Wir kennen uns nun schon achtzehn Jahre. Ich habe dabei viel Scheiße gebaut. Ich glaube, ich brauche diesbezüglich nicht ins Detail zu gehen. Was ich und wofür ich das Geld immer brauchte, erzähle ich Dir gerne einmal persönlich.Für das alles, was ich Dir und Deiner Familie angetan habe, möchte ich mich in aller Form entschuldigen. Es tut mir leid, dass ich durch mein Verhalten so vieles kaputt gemacht habe. Auch dafür, dass ich nie für unseren Sohn da gewesen bin und Dich auch diesbezüglich nie unterstützt habe. Ich hoffe und bete dafür, dass Du mir vielleicht irgendwann mal verzeihen kannst. Ich bin schon dankbar dafür, dass Du wenigstens mit mir telefonierst und redest. Ich könnte es

sogar verstehen, wenn Du es nicht tätest.
Gerade wenn ich jetzt daran denke, wie
schwer es mit Bennet läuft. Ja, es nervt mich
von Tag zu Tag mehr, wenn ich sehe, was ich
durch mein Verhalten alles kaputt gemacht
habe. Ich weiß, Du denkst, ich hätte früher
daran denken sollen. Wie denn? Gerade als
ich auf Flucht ging. Davor die ganze
Verarscherei von Melanie. Wenn ich das
alles heute betrachte und nach Aufarbeitung
mit anderen (Berater/Psychologen), so war
ich ihr hörig. Die Schuld dafür trage ich
ganz alleine.
Die jetzige Haftzeit steht in keinem Vergleich
zu damals. Es war alles anders. Dann das
offene Verfahren noch dazu. Ich hoffe nur, es
findet alles ein gutes Ende. Und wenn ich die
Mauern wieder mal von der anderen Seite
sehen darf, dann möchte ich für meinen Sohn
da sein. Ich hoffe, es hilft. Bin dann auch
gern für Dich da. Wie habe ich zu Dir
gesagt? „Ich lade euch drei dann mal zum
Kaffee ein." Da hast Du sogar zugestimmt.
Nur wann das sein wird, weißt Du ja noch
nicht, das werden wir dann sehen. So,
Katharina, dies soll es gewesen sein. Ich
hoffe, Du kannst die Entschuldigung

annehmen. Es ist wirklich sehr ernst gemeint.
In diesem Sinne, sei gegrüßt !
Sven „

„Hallo Katarina

ja, stell Dir vor, ich schreibe heute direkt an
Dich. Zum einen habe ich keine Lust zum
Fernseheschauen, und zum anderen hast Du
mich wieder mal zum Nachdenken gebracht.
Wir hatten ja das Gespräch im Bezug auf den
Alkohol. Ich wollte nie, dass Du mich
besoffen siehst, weiß heute nicht mehr,
warum. Was glaubst Du denn, wie das alles
ablief ,wenn ich auf Montage war? Oder als
ich in Tuttlingen gearbeitet habe. Oder als
ich alleine war in Waldkirch. Ja, nach außen
hin gab ich mir keine Blöße. Es durfte ja
keiner merken, dies alles fing ja erst circa
ein Jahr an, nachdem wir zusammen waren
beziehungsweise nach meiner Entlassung.
Ich hatte so vieles vor, und irgendwann
wurde es mir zu viel. Ich baute mir meine
Scheinwelt auf, und diese log ich anderen
vor. Oft war ich dann froh, wenn ich alleine
war, so konnte ich dann endlich wieder

saufen, um es vergessen zu machen. Für den
Augenblick. Am nächsten Tag war das Alte
wieder da. Für Dich mag ein Alkoholiker der
Penner auf der Straße sein oder jemand, der
immer besoffen ist. Aber glaube mir, dies ist
ganz und gar nicht der Fall. Ich für mich
weiß, dass ich einer bin.
So, jetzt komme ich zum Ende. Vielen Dank,
dass Du Dir Zeit genommen hast diesen
Brief zum lesen.
Grüße
Sven"

*Für mich waren die Mauern des
Gefängnisses nie hoch genug gewesen. Der
Aufenthalt, den er darin verbrachte, nie lang
genug, als dass sich hätte wirklich was
ändern können. Sven bekam also ein Urteil,
das besagte zwei Jahre sieben Monate
Gefängnis in Freiburg. Diese Zeit ist noch
nicht überstanden, und schon ist er nach
etwas über einem Jahr wieder mit einem Fuß
aus ihm heraus. Denn er befindet sich in der
geschlossenen Abteilung in der Psychiatrie
in Emmendingen. Die er zwar auch nicht
verlassen darf, wo er sich aber schon wieder
in dem Glauben wiegt, der Freiheit ein
Stückchen näher zu sein. Einen Teil seiner*

Strafe erlassen bekommen zu haben. Er selbst sagt, dass er jetzt im Paradies wäre. Was ich ihm auf Anhieb glaube. Denn da, wo er ist, wird für ihn gesorgt rund um die Uhr. Er erhält alles Lebensnotwendigen, hat seine festen Grenzen und keine eigenen Entscheidungen zu treffen. Was heute noch geblieben ist von meinen Erfahrungen mit dem Gefängnis, sind meine regelmäßigen Treffen mit der Angehörigengruppe von Straffälligen. WAn denen ich weiterhin regelmäßig an den Treffen teilnehme. Treffen, die einen Versuch darstellen, mein Leben abseits der Gesellschaft aufzuheben und es etwas mehr anzuheben. Denn auch ein Straftäter kann eine Familie haben, die darum kämpft, wieder mit ein wenig mehr Respekt behandelt zu werden, mit Offenheit die Türen geöffnet zu bekommen für eine andere Welt, ob schlechter oder einfach, eben anders. So weiß ich auch, selbst wenn es hart war, so war es nur eine kleine Geschichte von vielen anderen, die alle zusammengenommen ein Teil der Mauer des Freiburger Gefängnisses sind. Mein Teil der Mauer auf dieser Seite, auf der Seite, die man wohl Freiheit nennt, obwohl diese Seite ebenfalls ihre Grenzen hat. Wo jeder weiß, dass bei einer Straftat eine passende Familie dahintersteht, wo wir einfach existieren und nicht für die Tat eines anderen bestraft werden, auch wenn dieser Mensch zu unserer Familie gehört. Dort gibt es Worte wie „Die Kinder sind genauso wie die von anderen", sprich normalen Leuten, worüber allein man schon froh ist. Ich werde immer, immer dankbar sein für die Arbeit der Straffälligenhilfe in Freiburg. Vor allem für die Feuerwehreinsätze, wenn es mal wieder brennt und es schnell gehen muss. Denn was schnell ist, lernt man dort. Termine werden für sofort gegeben, auf Telefonanrufe muss man nicht ewig warten, die werden gleich erledigt, und wenn ich nachmittags anrufe, habe ich am nächsten Morgen bereits ein Päckchen zum Thema zugestellt bekommen. Meine Geschichte kann mir auch hier nicht abgenommen werden, aber hier ist die passende Feuerwehr zu finden, die nicht mal zu einem Wasserschaden führt. Mehr kann man in meiner Situation nicht erwarten. Dort ist der Ort, an dem die Hoffnung wohnt, auch wenn ich gelegentlich dazu neige, diese für meinen Sohn aufgeben zu wollen. Die Sozialarbeiterin der Straffälligenhilfe ist immer voller Zuversicht, dass unser Weg ein *gutes Ende nehmen wird. Dass mein Sohn seinen Weg findet, auch in der Lage ist, diesen zu gehen.Ganz klar ist auch das Einhalten von Spielregeln in diesem Zusammenhang. Wenn ich es nicht wünsche, erfährt nicht mal mein Postbote, von wem die Briefe kommen. Schweigepflicht und alles, was mit dem Thema zusammenhängt, wird ernst genommen. Es wird auch keine Vermittlung zwischen dem Inhaftierten und der Familie draußen vorgenommen. Kein „Er hat gesagt, sie hat gesagt". Überhaupt erfährt jedes Thema einen Respekt und eine Ernsthaftigkeit, die mit Sorgfalt ausgeübt werden. So ist es meinen Kindern auch möglich, den Europa-Park zu besuchen und in den Sommerferien eine Woche Urlaub in einem Kloster zu machen. Was wir alles dem Verein verdanken. Wo immer wieder Thema ist, wie ich an die Öffentlichkeit trete mit dieser Art von Unterhaltung. Wie erzähle ich dieses Schicksal, und wie lebe ich mit diesen Tatsachen? Denn im wahren Leben zu stehen, und hinter dir steht die Mauer, benötigt schon eine besondere Art der Standhaftigkeit und Wahrheit. Ein Versuch, diese Mauern und ihr Leben darin zu erklären, soll mein Bericht sein. Denn immer* wieder ist der Konsens unserer Treffen: „Darüber, was wir erlebt haben, könnten wir ein Buch schreiben." Aber es ist klar, dass unsere Geschichten keine einfach zu vertretenden sind, und bis jetzt gibt es noch keine von ihnen; wir denken, es gibt aber uns Frauen. So wollen wir aus dem Schatten der Mauer treten, nicht minder für unsere Kinder und deren Väter, und sagen, es gibt auch uns, und das ist unser Stein darin. Dieser Bericht hat seine Wurzeln in der Straffälligenhilfe, dort entstand die Idee, und für sie ist er geschrieben

„Das Spiel ist das einzige, was Männer wirklich ernst nehmen. Deshalb sind Spielregeln älter als alle Gesetze der Welt."

Peter Bamm

Schieber

In der Zwischenzeit bin ich bereits drei Jahre verheiratet, und natürlich beinhaltet eine Ehe auch den Besuch der Schwiegermutter. Genauso bei uns. Bei ihrem letzten Besuch dann, als ich Kaffee für alle zubereitete und daher mit dem Rücken zum Kaffeetisch, wo das Gespräch stattfand, stand, hörte ich meine Schwiegermutter zu meinem Ehemann sagen: „Und wirfst du immer noch dein ganzes Geld in Spielautomaten? Sodass du dann einen Kredit aufnehmen musst, um die Schulden zu bezahlen? Nicht dass du noch mal aus dem Fenster deiner Wohnung springen musst ,weil vor deiner Tür ein Schuldeneintreiber steht, der sein Geld von dir wieder haben will."
Ich hielt in diesem Moment mitten in meiner Bewegung inne und dachte, dass das wohl nicht wahr sein könne. Denn mein Mann hatte vor unserer Beziehung ganz genau gewusst, warum ich mich von dem Vater meines Sohnes getrennt hatte, und mir erzählt, er sei beim Fensterputzen aus dem

Fenster gefallen. *Auf diese Weise, mit dem Rücken zum Tisch, erfuhr ich also, dass auch ich im wirklichen Leben monogam bin. Denn auch ich wähle immer dieselbe Art von Männern. Viele Paare leben zusammen und entdecken, dass sie sich nicht lieben; manche Paare merken es nie. Andere heiraten, und es fällt ihnen in den unpassendsten Augenblicken ihres Lebens auf. Aus diesem Grund lebe ich wieder alleine mit meinen Kindern. Mit der Tochter des zweiten Spielers in meinem Leben und dem Sohn jetzt nur noch in den Ferien und an den Wochenenden.*

Nun bleibt wohl noch zu erwähnen, dass mein Sohn letztendlich zwei Jahre die Schule nicht mehr ganz so regelmäßig besuchte. Bis er zum Schluss gar nicht mehr dort auftauchte. Das kleinste Übel daran waren dann die Bußgeldbescheide. Da ich als Mutter nicht in der Lage sei, mein Kind dazu zu bewegen, am Unterricht teilzunehmen.

„ Ihnen wird zur Last gelegt, als Erziehungsberechtigter folgende Ordnungswidrigkeit begangen zu haben. Sie haben als Erziehungsberechtigte nicht genügend für den Schulbesuch ihres Kindes gesorgt.“

Die Bußgeldverfahren wurden nach einer Stellungsname von mir aber eingestellt. Da ich in einem Schreiben auflistete, was ich alles getan hatte. Über das Informieren des Jugendamtes, Gespräche mit Lehrern, Heilpädagogen, Einbeziehen einer Familienhelferin, Bringen in die Schule, wo er vorne reinging und zur Hintertür wieder raus...Nachdem ich versucht hatte, was ich konnte, ihm wieder eine schulische Zukunft zu ermöglichen blieb mir am Ende doch nichts anderes als eine Unterbringung im Jugendwerk. Wo er vier Tage vor seinem vierzehnten Geburtstag einzog. In der Hoffnung, ihm, wie gesagt , dort wieder eine entsprechende Zukunft möglich zu machen. Was natürlich meine alleinige Entscheidung war. Dies wird mir von Sven auch unter die Nase gerieben:"...was bist du für eine Mutter? Welche Mutter gibt schon ihr Kind weg." Vielleicht eine, die in dieser Situation einfach auflegt und dann den behandelnden Therapeuten von Sven anruft, um diesen zu fragen, ob es nötig ist, dass ich solche Anrufe, an deren Ende dann schlimme Bedrohungen stehen, wirklich erdulden muss. Eine Frau steht hinter der Entscheidung, ihr Kind wegzugeben die alles getan hat, was sie eigentlich nie wollte, aber erkannt hat, dass es Dinge gibt, die getan werden müssen, wenn man überleben will. Eine Frau, die weiß, egal was für Entscheidungen anstehen, es geht trotzdem weiter. Eine Frau mit Selbstwertgefühl. Ich habe gelernt berechnend zu sein. Berechnend in dem was mit hilft zu überleben und für mein überleben tue ich alles. Denn auch wenn mein Kind nicht mehr bei mir wohnt, kann ich immer noch geradestehen, schäme mich nicht deshalb, kann zu einer Entscheidung, die unumgänglich war, stehen. Auch wenn Sven aus Emmendingen anruft, da er ein Schreiben des Jugendamtes erhalten hat, in dem der Werdegang unseres Sohnes festgehalten wurde und das die Wahrheit einer Mitarbeiterin des Jugendamtes enthält, die natürlich nicht eins zu eins die meine ist, die ich sie aber als die ihre akzeptieren und stehen lassen kann. Auch mit diesem Schreiben fängt er an zu spielen. Dabei hängt er sich an zwei Punkten auf. An der Tatsache, dass drinsteht, er sei fünfmal im Gefängnis gewesen, er aber, in dem Fall , nur bis 3 zählen kann, und dass er Ausgang gehabt hat, um seinen Sohn zu besuchen, und dabei geflohen ist.

„Der Vater von Bennet ist seit dem 26.04.2010 unter anderem wegen Beschaffungskriminalität, Urkundenfälschung, Betrug, Diebstahl, Einbruch und Spielsucht in der JVA Ulm inhaftiert gewesen. Als sich Bennet aufgrund einer Orchitis (April 2010) stationär in der Klinik befand, wurde seinem Vater ein Sonderurlaub genehmigt, um Bennet in der Klinik besuchen zu können. Diesen Urlaub nutzte der Vater, um zu fliehen. Er hat seinen Sohn nicht in der Klinik besucht. Seitens der JVA wurde mitgeteilt, dass er für unberechenbar gehalten werde. Aus Sicherheitsgründen und da der Verdacht bestand, er könne jederzeit bei Bennet auftauchen, könne Bennett teilweise nicht beziehungsweise nur begleitet von der Mutter die Schule besuchen. Die gesamte Situation ist für Bennet sehr belastend gewesen.

Bennets Vater befand sich in der JVA Freiburg in Haft. Mittlerweile befindet er sich im Zentrum für Psychiatrie in Emmendingen. In einer Verhandlung bei Gericht ist die Unterbringung angeordnet worden."

Was seiner Meinung nach nicht den Tatsachen entspricht, und er findet, es sei eine Unverschämtheit, dass man so etwas behaupten könne, das müsse geändert werden, er gehe dagegen vor. Sven geht davon aus, womit er nun mal wirklich nicht danebenliegt, dass die Mitarbeiterin des Jugendamtes diese Informationen von mir erhalten hat. Was ihn noch viel saurer macht. Denn was habe ich ständig schlecht von ihm zu reden? Für mich ist das nur wieder ein Zeichen dafür, dass er immer noch spielt. Wieder spielt er die Menschen aus, er sei ungerecht behandelt worden, immer schiebe man alles auf den armen Straffälligen, der sich nicht wehren könne und hinnehmen müsse, was andere sich ausdenken. Indem er versucht dagegen bei einigen Stellen vorzusprechen, bemerkt man, dass er sich kümmert, interessiert ist an seinem Schicksal, sich damit auseinandersetzt und versucht alles auf die Reihe zu bekommen, sein Leben zu ordnen. So entsteht wieder ein Eindruck, der einem Sieg gleichkommt und ihn befähigt schneller ins nächste Spiel mit einzusteigen. Die Türedieser Spielhalle, die dieses Mal eine Psychiatrie, war hinter sich zu

schließen, nun als scheinbarer Sieger - die Klinke noch in der Hand, den Fuß bereits auf dem Boden der nächsten Spielhalle.
Aber Sven erreicht es tatsächlich das die Mitarbeiterin das Schreiben ändert:

„Es handelt sich hierbei um eine korrigierte Version des Hilfeplans der zuvor verschickt wurde.

Der Vater von Bennet war seit dem 26.04.2010 unter anderem wegen Beschaffungskriminalität, Urkundenfälschung, Betrug, Diebstahl, Einbrüchen in der JVA Ulm später in der JVA Freiburg inhaftiert gewesen. Dies sei zum damaligen Zeitpunkt bereits die dritte Inhaftierung gewesen.
Parallel zu Bennett`s Klinikaufenthalt aufgrund einer Orchitis (im April 2011) befand sich Bennet´s Vater vom 26.04.2011 bis zum 02.05.2011 in einem regulären Urlaub. Nach dem regulären Urlaub kehrte er nicht in die JVA Ulm zurück. Während seiner Abhängigkeit kam es zu Straftaten. Aufgrund dieser Straftaten befindet er sich seit dem 07.03.2013 im Zentrum für Psychiatrie in Emmendingen. In einer

Verhandlung bei Gericht sei die Unterbringung in einer Entziehungsanstalt angeordnet worden. Diese Maßnahme verlaufe in verschiedenen Stufen und soll ca. 18 - 24 Monate dauern.

Während der Zeit der Abhängigkeit von Bennets Vater konnte Bennet nach Einschätzung der damaligen Schule aus Sicherheitsgründen teilweise nicht bzw. nur in Begleitung (Hinbringen/Abholen) der Mutter die Schule besuchen. Es wurde befürchtet, dass er seinen Sohn hätte abholen können. Die damalige Abhängigkeit sorgte bei vielen Personen/Beteiligten für eine große Unsicherheit.

Bennets Vater bereut seine Taten und sein Verhalten. Ihm sei bewusst, dass Bennett sehr unter der Situation gelitten habe und sicher noch leide. Er selbst empfinde die Unterbringung im ZfP-Emmendingen als große Chance, welche er für sich und somit auch für seinen Sohn Bennet nutzen möchte."

So bin ich sicher, wenn er meinen Bericht lesen würde, hätte er viel zu bemängeln und würde vieles nicht gelten lassen.

Auch wenn wir die Gewissheit haben, wie unsere Geschichte war, die seine war eine andere. Denn" Ich habe so viel Scheiße in meinem Leben gebaut, wie soll ich mich da an alles erinnern können?" Meine und seine Geschichte sind jedoch in mein Gedächtnis gebrannt, und diese kann ich nicht mehr vergessen, weil ich immer noch die Sorge um mein Kind habe. Denn der Gedanke ist immer in meinem Hinterkopf, immer der Vergleich mit dem Vater. Er wird doch nicht so werden wie er? Hat er vielleicht dieselbe Veranlagung wie Sven? Und wenn selbst ich das denke, wie kann ich es da verübeln, dass auch andere auf diesen Gedanken kommen? Auch gerade deswegen, da es mir mein Sohn nicht gerade leicht macht mit seiner Entwicklung und es unvorhergesehene Probleme gibt. Wobei das Jugendwerk eines davon bereits gelöst hat. Sie haben Bennet untersuchen lassen, von der eigenen Psychologin, und diese stellte fest, dass es keine Anzeichen für ADHS gibt. Sodass auf die Gabe von Tabletten weiterhin verzichtet werden kann. Es bleibt mir nur die Hoffnung, dass er sich wieder fängt und den Weg weg von der Polizeiwache finden wird.

...und er ist nur da ganz Mensch, wo er spielt.
Friedrich Schiller

Alles vorangegangene Geschilderte ist nur eine Seite dieser Geschichte. Es ist zum einen natürlich meine Seite. So wie ich es erlebt und empfunden habe. Es ist das, was noch in meinem Gedächtnis hineingebrannt scheint. Das, was bereit war ans Licht getragen zu werden und was nicht mehr länger im Dunkeln hat warten können. Da die Worte so von sich aus da waren und geschrieben werden wollten. Jedoch habe ich alles so erzählt, wie ich es in meiner Erlebniswelt erfahren habe, und so wahrheitsgetreu wie mir möglich. Das habe ich erlebt, so habe ich es erfahren. So bin ich zu dem geworden, was ich bin. In diesem Buch sind meine Farben zu finden: wenn sie jemanden stören, kann dieser gerne die seinen für sich festhalten. Denn ich habe erfahren, dass meine Sicht auf die Geschehnisse nicht unbedingt die seinen sind und er mit der meinen Sicht wenig einverstanden ist und sich darin nicht wiederfindet. Ich war nicht Tag und Nacht an seiner Seite, eigentlich habe ich die wenigste Zeit mit ihm zusammen verbracht. Vieles, eigentlich alles, um was es wirklich ging, erfuhr ich von dritten Personen. Niemals von ihm selbst. Er ist bis heute nicht wirklich bereit über sein Leben in einem Automaten zu sprechen. So kann ich auch nur darstellen, was mir vom Leben zugeströmt wurde und was ich zu bewältigen hatte. Was er wirklich verspielt hat, mit wem und wo er sich immer genau aufhielt, entzieht sich meiner Kenntnis. Da er noch immer nicht über dieses Thema reden will, sondern alles, was ich an ihn herantrage und es mit seinem Problem des Spielens zu tun hat, weit von sich weist. Er ist noch hier, unter uns, er spielt immer noch weiter sein Spiel. Immer noch ist er nicht ausgestiegen, nur manchmal macht er eine kleine Erholungsreise, lässt sich wieder aufpäppeln. Nimmt zu, kümmert sich um seine körperlichen Einschränkungen, die das Alter so mit sich bringt, sucht eine Ausrede zu finden, warum es bisher so gelaufen ist, und betet sich schöne Sprüche vor, dass in Zukunft alles besser wird. Er ein anderer sein wird und mit seinem Sohn die

Hausaufgaben machen wird. Er meldet sich bei seinem Kind, er meldet sich bei mir. Es regnet Entschuldigungen auf uns, auch Geschenke, nach wie vor Briefe. Auch seine gelegentlichen Auszeiten, die in der Regel erzwungen sind durch die Polizei und therapeutische, geschlossene Einrichtungen, spielt er. Er ist sein ganzes Leben hindurch ein Spieler. Nicht nur vor dem Automaten. Da ist er vielleicht sogar am wenigsten ein Spieler. Er spielt zu jeder Stunde, Minute des Tages. Er spielt mit den Menschen, den Worten; alles, was er sagt und tut, ist ein Spiel und hat das Ziel, am Ende wieder über Geld und Zeit zu verfügen, die verspielt werden können. Er beeinflusst die Menschen, spielt alles aus, was er hat, auch Tränen: er kann wirklich sehr rührend wie auch gemein sein. Je nachdem welche Masche bei welchem Menschen zu ziehen scheint. Er lotet seine Mitmenschen aus, wie sie ticken und wie er sie für sich benutzen kann. Den Beamten im Gefängnis durch ausgesuchte Höflichkeit, mit Bitte und Danke sagen beim Türe aufschließen, was diesen erstaunt, da er das bisher noch nicht erlebt hat. So wird dieser wieder positiv über ihn berichten bei den Kollegen und Sozialarbeitern, und vielleicht durch viel Glück findet das wieder Einzug in den nächsten Bericht, der über ihn verfasst wird, was wiederum Einfluss auf günstigere Bedingungen oder sogar eine Entlassung hat. Ja, er spielt sogar damit, dass er süchtig ist. Er spielt sein Leben mit vollem Einsatz immer auf Tour und bereit für den nächsten Kick. Er ist ein sehr guter Schauspieler und kann sich optimal verkaufen. Er ist ein Ass auch im Spiel der Beziehungen und spielt letztendlich auch mit seinem Umfeld, indem er auslotet: Wie weit kann ich gehen? Täglich testet er seine Grenzen. Geht es heute vielleicht noch ein wenig weiter als gestern? Wenn nicht, was muss ich erzählen oder tun, um die Grenzen noch etwas mehr auszudehnen? Und in der Regel fällt ihm immer ein Trick, eine Masche ein, um wieder zu gewinnen. Denn bloß dafür lebt er, erniedrigt sich für den nächsten Gewinn, um den alles sich dreht. Er will im Leben ein Gewinner sein. Mit welchem Dreck er dabei werfen muss, spielt keine Rolle. Ich vermute, dass das Spiel ihn bereits zerstört hat und er eigentlich nicht mehr wirklich existiert als die Person, als die er einmal gedacht war, denn es gibt keine Eigenschaft an ihm, keine Verhaltensweise, *die nicht durch das Spielen geprägt ist, die nicht ganz das Spiel ist. Er ist ein einziges Spiel. Gelegentlich schaut er uns seinem Automaten heraus zu. Aber auch mich hat er, hat das Spiel zerstört. Wenn ich heute an die Zwanzigjährige denke, könnte ich mir genauso gut ein Grab auf dem Friedhof kaufen mit meinem Namen drauf, denn hundertmal ist diese Frau gestorben, aber wieder auferstanden. Zwar als eine andere, jedes Mal als eine andere. So habe ich mich unzählige Male gehäutete, bis das heutige Ich aus mir geworden ist. Auf das ich seltsamerweise sehr stolz bin. All die Tiefschläge und Zusammenbrüche haben letztendlich das aus mir herausgefiltert, was überflüssig war. Was nur oberflächlich da war, was nicht wirklich ich war. Heute weiß ich, wie mein innerer Diamant aussieht. Aus was ich bestehe, was ich leisten kann, was ich ertragen habe und noch in der Lage bin zu tragen. Dass ich dies geschafft habe und noch für viel mehr gemacht bin. Es hat mein Innerstes klar erscheinen lassen. Denn durch ihn habe ich klar meinen Weg erkannt. So wurde mir durch ihn die Gewissheit geschenkt, im Leben nichts verpasst zu haben. All das getan zu haben, was nötig* war, was es für mich zu lernen gab. Die Frau von einst ist tod, weil sie noch nicht so rein war wie die heutige. Heute bin ich am Leben mit all den Wunden, die ich trage, und ich lasse mir meine Meinung nicht mehr vorschreiben und meine Wahrheit nicht diktieren. Wie heißt es nicht so passend: Die Wahrheit wird euch frei machen. Aber die Wahrheit ist letztendlich Dankbarkeit, dass ich meinen Weg zu mir gefunden habe. Dass ich meinen Weg gehe, der seine immer wiederkehrenden Kreuzungen aufweist mit seiner Wahrheit. Mit seinem Spiel.

Die Spiele mögen beginnen...

Moment mal bitte…

Gratulation, dass Sie es bis hierher geschafft haben. Ich hätte schon vorher aufgegeben, denn ich habe es nicht so mit Büchern. Das Einzige, was ich über die vorherigen Seiten weiß, sind die Anzahl der Wörter und die Anzahl der Seiten. Jetzt fange ich schon an meine Wörter zu zählen und wie viele ich wohl noch schreiben kann. Jedoch finde ich, dass zu diesem Thema - kann mir ja denken, um was es ging - ohne meine Worte dazu kein Ende entstehen kann. Da ich es auch miterlebt habe, zumindest einen Teil, aber nicht so viel wie meine Mutter. Über meine Mutter werde ich hier nichts schreiben. Denn das ist eine Sache zwischen mir und meinem Vater. Jetzt fehlt also nur noch die Sicht eines Jugendlichen.
Meine erste Erinnerung an meine Vergangenheit mit meinem Vater ist gleichzeitig auch das Ende meiner Familie gewesen. Meine Eltern trennten sich, als ich drei Jahre alt war, und ich zog mit meiner Mutter in eine andere Wohnung. Mein Vater lebte da schon in der JVA Freiburg. Nachdem unsere alte Wohnung leer geräumt war, mussten wir sie noch renovieren. Da hatte mein Vater schon gelegentlich Freigang. Er kam in die alte Wohnung, in der ich an der Wand stand, um die Tapete zu entfernen. Das sollte ich seiner Meinung nach nicht tun. Er übernahm dann diese Aufgabe, und ich war traurig. Er strich auch das

Wohnzimmer neu, und ich durfte nichts machen. Meine Mutter besuchte meinen Vater nicht im Gefängnis, deshalb ging ich auch nicht hin. Eigentlich wusste ich gar nicht, dass er damals im Freiburger Knast saß. Für mich war er zu der Zeit damit beschäftigt, ohne Hilfe unsere Wohnung zu erneuern. Als er damit fertig war, wohnte er in Waldkirch wo ich ihn am Wochenende besuchte. Dort schlief ich im alten Doppelbett meiner Eltern, und mein Vater schlief auf der Couch. Manchmal schlief auch meine Mutter auf der Couch. Mein Vater hatte außer uns eine andere Familie, zu der er damals Kontakt hatte. Bei einem Besuch bei seinem Onkel, zu dem er mich mitnahm, verließ sein Onkel einmal die Küche, in der ich mit meinem Vater saß. Daraufhin stand mein Vater auf, ging zu dem Geldbeutel seines Onkels, der in der Küche auf der Ablage lag, und entnahm daraus Geld. Zu mir sagte er, dass er das dürfe, ich es aber nicht machen solle. Sagen sollte ich es auch niemandem. Ich dachte, die beiden klären das unter sich. Was aber nicht stattfand.

Als mein Vater das erste Mal im Gefängnis war, noch vor meiner Geburt, lernte er dort seinen besten Freund kennen. Zu dem er auch später lange den Kontakt hielt. Ich fand diesen Freund ebenfalls super und habe mich immer gefreut, wenn er zu uns zu Besuch kam. Als ich klein war, hatte ich eine Kassette mit Kinderliedern, und ein Lied wurde darauf von einem Mann gesungen, der dieselbe Stimme hatte wie der

Freund meines Vaters. Ich dachte, dass er dieses Lied singen würde und erklärte es zu meinem Lieblingslied. Als der Freund meines Vaters dann aus dem Knast entlassen wurde, in dem er wegen Mordes fünfzehn Jahre gesessen hatte, besuchte ich ihn öfter mit meinem Vater zusammen. Er hatte dort eine Malerlehre gemacht und eröffnete draußen sein eigenes Geschäft, in dem er dann später auch meinem Vater eine Arbeit gab. Bei meiner Kommunion sind wir nach der Kirche nach Breisach gefahren und haben dort auf einem Schiff diesen Anlass gefeiert. Wir machten eine Schleusenfahrt, und als es dann nach dem Essen durch die Schleuse ging und wir alle auf das Deck gingen, um zuzusehen, kam plötzlich von oben viel Wasser herunter. Alle meine Gäste gingen in Deckung. Nur der Freund von meinem Vater stellte sich in die Mitte des Decks und rief: " Seid ihr alle aus Zucker, oder was?". Das fand ich irre lustig. Danach hörte ich nichts mehr von ihm. Bis heute frage ich meinen Vater immer wieder, wie es ihm geht, und er sagt mir, bald gehen wir ihn wieder besuchen. Von meiner Mutter habe ich allerdings erfahren, dass sich die beiden zerstritten haben. Besonders Micky ist acro auf meinen Vater. Bis heute hat er nicht die Eier in der Hose, mir die Wahrheit zu sagen. Und da er immer, wenn er anruft, fragt, wo denn ein Brief von mir bleibt, werde ich ihm diesen nun schreiben. Am Montag werde ich ihn bei unserem nächsten

Gespräch wieder nach Micky fragen. Denn ich weiß dass er Mickys Kunden, wenn er bei denen zu Hause war, abgezogen hat.

Als mein Vater mal Langeweile hatte, schaute er bei uns vorbei, brach bei uns ein und hat unsere Sachen versteckt. Falls du das lesen solltest, Vater, das war eine richtig unnötige Aktion, aber hoffentlich hat es dir Spaß gemacht, denn uns hat es auch Spaß gemacht zu suchen. Das nächste Mal kannst du dir aber bessere Verstecke aussuchen als meine Spielzeugkiste für das Telefon. Ich habe es gleich wieder gefunden.

Als ich im Krankenhaus lag, hatte ich eine Krankheit, und mein Vater wollte mich besuchen. Dann kam er nicht.

Damals war er in Ulm im Knast und hatte extra Sonderurlaub, um zu mir zu fahren, aber trotzdem kam er dann nicht.

Der Einzige, der mich besuchen kam, war mein bester Freund, der am Tag nach mir auch eingeliefert wurde. Ich war traurig, dass ich durch das Ausbleiben meines Vaters keine Süßigkeiten bekommen habe. Ansonsten hatte ich viel Spaß mit meinem Freund. Als ich wieder entlassen wurde, musste ich leider wieder in die Schule. Aber nur einen halben Tag, denn ich saß im Unterricht, da öffnete sich plötzlich die Tür und der Orientierungsstufenleiter kam herein und holte mich heraus. In sein Büro, wo ich warten musste, bis meine Mutter mich abholen kam.

Es wurde mir gesagt, dass die Schule nicht für meine Sicherheit sorgen könne, weil mein Vater aus dem Knast ausgebrochen sei und man vermute, dass er mich entführen käme. Aber dann kam er nicht.

Da ging es dann los mit dem Schuleschwänzen. Es war Schule. Da kam ich nicht. Auch als mein Vater wieder in den Knast kam, ging ich nicht in die Schule. Ich hatte keine Lust, in die Schule zu gehen. Das Jugendamt entschied daraufhin, dass ich eine schwere Geschichte habe, Unterstützung in deren Bewältigung benötige, und so wurde mir ein Heilpädagoge zugeteilt. Extra ein Mann. Mir wäre eine Frau lieber gewesen. Ich fand es dort langweilig und wäre gerne nicht gekommen. Und jetzt ein Tipp an alle Jugendliche, die nicht mehr in die Schule gehen wollen. Schließt euch in eurem Zimmer ein. Leider geht das nicht auf Dauer, denn jetzt bin ich im Jugendwerk untergebracht. Wo ich ein Einzelzimmer habe. Dort ruft mich zweimal die Woche mein Vater an. Der jetzt in Emmendingen in der Psychiatrie untergebracht ist. Zum Glück ist er dort und kommt nicht mehr.

Eigentlich hat es für mich keine so große Bedeutung, ob mein Vater jetzt im Knast oder in der Psychiatrie oder in Freiheit lebt. Denn neunzig Prozent seines gesamten Lebens war er im Knast beziehungsweise in irgendwelchen Anstalten. Darum lässt es mich inzwischen auch kalt, ob ich ihn in der Psychiatrie   im

Knast, oder wenn auch selten, zu Hause besuche. Früher wusste ich nicht, was es zu bedeuten hat, wenn ich jetzt nur bei meinem Vater oder meiner Mutter schlief. Ich dachte, es wäre normal, deswegen spielt es jetzt keine Rolle mehr für mich. Das erste Mal, als er im Knast war, habe ich es auch gar nicht gewusst, da mir meine Mutter nichts davon erzählt hat. Die Treffen bei der Straffälligenhilfe waren für mich am Anfang Treffen, bei denen sich meine Mutter unter Freundinnen traf. Heute weiß ich, dass es Angehörige von Inhaftierten sind. Es ist für mich kein großes Problem, es machen nur immer alle eines draus. Zum Beispiel meine Besuche beim Heilpädagogen, mit denen das Jugendamt mein Männerbild positiv beeinflussen wollte. Obwohl ich nicht glaube, dass alle Männer so drauf sind. Immer sollte ich über meinen Vater reden, über meine Familie. Ich fand, dass dies nicht nötig war. Warum soll ich denn immer das selbe sagen? Er ist im Knast. Dort lebt er. Ruft an, schreibt Briefe, ich besuche ihn, wenn ich Lust habe. Mehr gibt es darüber nicht zu sagen. Das füllt doch keine Therapiestunde. Dann haben wir halt noch Tischkicker gespielt. Kinder, deren Vater jeden Tag ins Büro geht, fragt man doch auch nicht die ganze Zeit: „Wie fühlt es sich an, dass dein Vater in einem Büro arbeitet? " Auch bin ich es gewohnt, dass ich nur bei meiner Mutter wohne. Ich habe meinen Vater auch schon besucht. Das ist aufregender für ihn als für mich. Ich finde es nur scheiße, dass ich da hingegangen bin, weil er immer lügt und denkt, ich merke es nicht, und zu mir sagt, dass ich stets ehrlich zu ihm sein soll. Mein Vater ist auch süchtig, er behauptet schon lange, er will sich bessern, was ich ihm nicht glaube, da er es eh nicht schaffen wird beziehungsweise schaffen will. Viele Leute fragen mich immer, wie ich es finde, dass mein Vater im Knast ist; ich sage dann immer, ich finde es gut, da es ja immer sein kann, dass es am Ende doch noch was bringt. Oder dass er möglicherweise erfolgreich behandelt wird. Was ich auch schon mitbekommen habe, ist, dass er sich im Knast immer so harmlos anstellt, nur damit er schneller rauskommt, denn wenn er rauskommt, dann wird eh alles wieder von vorne losgehen.

Er schreibt mir auch stets Briefe, obwohl ich sie nie lese; ich mache sie nur auf, um zu kucken, ob er möglicherweise Geld geschickt hat. Dafür liest sie meine Mutter. Aber zurückschreiben tut niemand. Und die Probleme löst auch keiner, obwohl es gar keine gibt. Vielleicht, wenn die Probleme mal für kurze Zeit weg sind, denkt jeder, jetzt ist alles gut und das Problem kommt nicht mehr, und dann kommt es doch wieder. Bei mir ist es so, wenn ich will, dass jemand kommt, kommt niemand, wenn ich will, dass jemand nicht kommt, dann kommt er.

Herstellung und Verlag:
BoD - Books on Demand, Norderstedt
ISBN 978-3-7448-5603-4

Tucholsky Wagner Zola Scott Sydow Freud Schlegel
Turgenev Wallace Fonatne

Twain Walther von der Vogelweide Fouqué Friedrich II. von Preußen
Weber Freiligrath Frey

Fechner Fichte Weiße Rose von Fallersleben Kant Ernst Richthofen Frommel
Hölderlin

Fehrs Engels Fielding Eichendorff Tacitus Dumas
Faber Flaubert

Eliasberg Ebner Eschenbach
Feuerbach Maximilian I. von Habsburg Fock Eliot Zweig
Ewald Vergil

Goethe Elisabeth von Österreich London

Mendelssohn Balzac Shakespeare Dostojewski Ganghofer
Lichtenberg Rathenau Doyle Gjellerup
Trackl Stevenson Hambruch
Mommsen Tolstoi Lenz Hanrieder Droste-Hülshoff
Thoma von Arnim Hägele Humboldt
Dach Verne Hauff
Karrillon Reuter Rousseau Hagen Hauptmann Gautier
Garschin

Defoe Baudelaire
Damaschke Descartes Hebbel
Hegel Kussmaul Herder
Wolfram von Eschenbach Dickens Schopenhauer Rilke George
Darwin Melville Grimm Jerome
Bronner Bebel Proust
Campe Horváth Aristoteles

Bismarck Vigny Barlach Voltaire Federer Herodot
Gengenbach Heine

Storm Casanova Tersteegen Gilm Grillparzer Georgy
Chamberlain Lessing Langbein Gryphius
Brentano Lafontaine
Strachwitz Claudius Schiller Schilling Kralik Iffland Sokrates
Katharina II. von Rußland Bellamy Raabe Gibbon Tschechow
Gerstäcker

Löns Hesse Hoffmann Gogol Wilde Gleim Vulpius
Luther Heym Hofmannsthal Klee Hölty Morgenstern
Roth Heyse Klopstock Puschkin Homer Kleist Goedicke
Luxemburg Horaz Mörike
La Roche Musil
Machiavelli Kierkegaard Kraft Kraus
Navarra Aurel Musset
Nestroy Marie de France Lamprecht Kind Kirchhoff Hugo Moltke

Laotse Ipsen Liebknecht
Nietzsche Nansen Ringelnatz
Marx Lassalle Gorki Klett Leibniz
von Ossietzky May vom Stein Lawrence Irving
Petalozzi Knigge
Platon Pückler Michelangelo Kock Kafka
Sachs Poe Liebermann Korolenko
de Sade Praetorius Mistral Zetkin

tredition und das Projekt Gutenberg-DE

Mehr als 5.500 Romane, Erzählungen, Novellen, Dramen, Gedichte und Sachbücher in deutscher Sprache von über 1.200 Autoren – das Projekt Gutenberg-DE ermöglicht den Zugang zu klassischer Literatur aus zweieinhalb Jahrtausenden in digitaler Form. Der Großteil der Titel ist seit Jahren vergriffen und nicht mehr im Buchhandel oder Antiquariaten erhältlich.

tredition hat sich die Aufgabe gestellt, die Buchtitel des Projekt Gutenberg-DE wieder als gedruckte Bücher zu günstigen Ladenpreisen zu verlegen. Mehr als 2.000 Titel sind bereits wieder erschienen und überall im Buchhandel erhältlich. Die Stärke von tredition nutzen auch viele Autoren, die selbständig ein Buch veröffentlichen möchten. Mehr dazu unter **www.tredition.de**.

Eine Übersicht aller verfügbaren Titel senden wir gern auf Anfrage zu (www.tredition.de/kontakt) oder stöbern Sie online unter **http://www.tredition.de/projekt-gutenberg**.